人工智能教学

探索学习新前沿

米歇尔·齐默尔曼 ◎ 著
Michelle Zimmerman

柴少明 ◎ 译

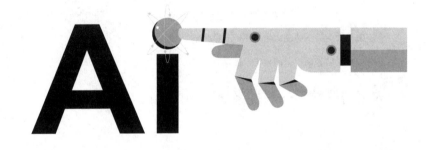

华东师范大学出版社
·上海·

图书在版编目(CIP)数据

人工智能教学:探索学习新前沿/(美)米歇尔·齐默尔曼著;柴少明译.—上海:华东师范大学出版社,2023
ISBN 978-7-5760-3683-1

Ⅰ.①人… Ⅱ.①米…②柴… Ⅲ.①人工智能-计算机辅助教学-研究 Ⅳ.①G434

中国国家版本馆 CIP 数据核字(2023)第 042064 号

Teaching AI: Exploring New Frontiers for Learning by Michelle Zimmerman/ISBN: 9781564847058

Translated and published by East China Normal University Press Ltd. with permission from ISTE. This translated work is based on Teaching AI by Michelle Zimmerman © 2018, International Society for Technology in Education (ISTE).

All Rights Reserved. ISTE is not affiliated with East China Normal University Press Ltd. or responsible for the quality of this translated work.

Chinese Simplified language edition published by East China Normal University Press Ltd. Copyright © 2023.
简体中文版©华东师范大学出版社有限公司,2023

上海市版权局著作权合同登记 图字:09-2022-0426 号

人工智能教学——探索学习新前沿

著　　者　[美]米歇尔·齐默尔曼
译　　者　柴少明
责任编辑　王丹丹
责任校对　陈梦雅　时东明
装帧设计　卢晓红

出版发行　华东师范大学出版社
社　　址　上海市中山北路 3663 号　邮编 200062
网　　址　www.ecnupress.com.cn
电　　话　021-60821666　行政传真 021-62572105
客服电话　021-62865537　门市(邮购)电话 021-62869887
地　　址　上海市中山北路 3663 号华东师范大学校内先锋路口
网　　店　http://hdsdcbs.tmall.com

印　刷　者　上海展强印刷有限公司
开　　本　787 毫米×1092 毫米　1/16
印　　张　16
字　　数　222 千字
版　　次　2023 年 6 月第 1 版
印　　次　2025 年 7 月第 5 次
书　　号　ISBN 978-7-5760-3683-1
定　　价　58.00 元

出　版　人　王　焰

(如发现本版图书有印订质量问题,请寄回本社客服中心调换或电话 021-62865537 联系)

为兑现我在2007年对他们所作的承诺，谨以此书献给那些因为他们的发声而使我的研究成为可能的孩子——以及那些尚未被听到的声音。

译者序

本书是关于人工智能的发展及其在教育教学中的应用的专著,从英文版问世到中文版即将出版,已经过去四年。其间人工智能技术的发展可谓是日新月异,甚至出现了具有革命性影响的技术产品。美国人工智能公司 OpenAI 于 2022 年 11 月 30 日发布了一款人工智能技术驱动的自然语言处理工具——全新的聊天机器人模型 ChatGPT。该工具一经发布便在互联网上掀起了一场风暴,几乎一夜之间引起了全世界的关注。ChatGPT 的活跃用户在其发布的 1 个月内便达到了 1 亿人,这使其成为史上用户增长最快的消费者应用程序。而这个记录国际版抖音(TikTok)用了 9 个月,脸书(Facebook)用了 54 个月,推特(Twitter)则用了长达 60 个月。ChatGPT 作为一种基于大规模语言模型的人工智能技术驱动的聊天工具,能够模拟人类的语言行为,与用户进行自然的交互。它能够通过理解和学习人类的语言来进行对话,并能根据聊天的上下文进行互动,真正像人类一样来聊天交流。它甚至还可以完成撰写邮件、视频脚本、文案、代码,以及翻译和写论文等任务。比尔·盖茨评价 ChatGPT 称,这种人工智能技术出现的重大历史意义,不亚于互联网和个人电脑的诞生,它是人工智能技术领域的一次真正革命。相关研究显示,ChatGPT 具有人类心智,这也标志着人类将进入到认知智能阶段。因此,以 ChatGPT 为代表的人工智能技术将会给社会各领域带来巨大的变化,引领新一轮的互联网革命。OpenAI 公司首席执行官山姆·奥特曼(Sam Altman)则声称,未来几十年里所有重复性的工作,只要是不需要两人之间有深度情感交流的工作,都会被 AI 做得更好、更快,并且成本更低,因此他相信 AI 将有可能取代所有的白领工作。AI 也是变革教育的重要力量,人工智能与教育教学的深度融合,是新时代教育信息化最重要的特征之一。未来的教育形态一定是"人工智能+教育",这已经被广泛认可。自 ChatGPT 推出之后,连续有人在《大西洋月刊》(*The Atlantic*)上撰文指出这种人工智能给学校教育工作者带来了巨大的挑战,而"人们还没有为人工智能将如何改变学术界做好准备"。那么,AI将会给教育带来怎样的挑战和机遇呢?教师将如何应对AI时代的教育?教师如何将AI技术应用于教学中,以培养学生适应未来社会的能力?这都是每一个教育工作者应该关注的问题。本书着眼于探讨这些问题,重点阐述了什么是人工智能,它是如何工作的,对未来的教育有哪些影响,并通过案例和故事等生动而立体地展示了教育工作者如何运用人工智能来帮助学生更好地为适应与日俱增的人机互动世界做好准备。

作者米歇尔·齐默尔曼(Michelle Zimmerman)是美国华盛顿大学学习科学与人类发展博士,伦顿基督教预备学校的校长。她长期关注信息技术,特别是人工智能在教育教学中的运用,并把自己的研究应用于混合式真实学习环境下的教学实践中,引导学生在这种环境中学习,进而成长为有经验的教师和研究者。自2015年起,她领导的学校就被微软公司遴选为信息技术教育创新应用示范学校,并于2018年9月被评选为全美首家K-12微软旗舰学校。同时,她本人也是是微软创新教育专家,曾获得微软最有价值专家称号。在本书中,作者以全球化的视角,通过大量翔实的资料、与世界各地人工智能领域专家以及教育专家的对话,以及丰富的AI教育应用案例,向我们展示了AI在教育中应用的场景、内容、方法和策略,并探讨了如何对学生进行AI教育以及如何教会学生应用AI与周围环境进行互动和学习。同时,本书还帮助教育工作者深入理解如何使用人工智能来增强人类的能力。

本书作者首先关注的一个重要问题是,在AI时代我们应该如何培养学生才能使他们适应未来,AI给教育带来了哪些挑战以及作为教育工作者要如何应对这些问题。作者以国际教育技术协会所制定的学生标准为依据,提出AI时代应该培养学生成为赋能学习者、数字公民、知识建构者、创新设计者、计算思维者、创意传播者和全球合作者。这些标准旨在为学生参与人工智能实践奠定坚实的基础,并为教育教学指明方向。人工智能可能会取代许多重复性的、机械性的工作,具有认知智能的技术还有很大可能取代许多白领工作,但是人工智能在可见的未来不会取代那些需要批判性和创造性的工作。人类所从事的包含思维的灵活性和创意性的工作，如艺术、文学、音乐等工作，是人工智能所无法替代的。同时人性中所具有的善良、同理心和爱心也是人工智能或机器人所不具备的，这是未来教育教学的核心所在。作者列出了支持学生未来职业所需的学习能力，重点包括批判性思维、问题解决能力、沟通与协作能力、创造力、自我认识和管理能力、情绪智能等。美国教育专家、东北大学校长约瑟夫·奥恩(Joseph Aoun)也提出，我们有责任让学生思考如何为即将到来的智能机器时代做好准备，以及如何改变角色以适应未来的工作。为此，他提出了一门新的学科——"Humanics"(人类学)，旨在培养学生的数据素养、技术素养和人文素养，以使他们具备在未来劳动力市场中与智能机器协同合作的能力。奥恩认为，当 AI 世界开启，计算机能够自己编程时，教育工作者要集中精力教授那些机器人永远无法学会的技能，如批判性思维和系统性思维，最重要的是创造力。这与本书作者提出的能力有很多相似之处。毫无疑问，人工智能时代，教育工作者需要重新思考教育的目标，重构课程和教学内容，重建教学和评价模式，更需新的教育理念和方法，以培养学生的这些能力与素养，为将来做好充分的准备。

作者探讨的第二个问题是教师如何应用人工智能进行教学。其核心理念是把 AI 融入到课程教学中，这和我国《教育信息化 2.0 行动计划》所倡导的信息技术与学科深度融合的理念一致。将人工智能整合到课程教学中，首先要设定额外的、高阶的教学目标，关注学生高阶思维的发展和核心素养的培养。这里的教学目标就是国际教育技术协会提出的学生标准，同时也要考虑奥恩提出的素养和能力。教育部于 2022 年 4 月印发《义务教育课程方案和课程标准(2022 年版)》，提出了要培养学生的学科核心素养。人工智能与学科教学融合就是要培养学生的核心素养，包括教师如何引导学生运用 AI 解决真实的、复杂的问题，发展学生的批判性思维和创造性思维等，帮助学生树立正确的价值观。具体到教学方法，书中提到，有专家建议"将技术融入课堂始于教师使用技术，以有意义和相关的方式准备课程，使用技术来支持课程，而不是主导课程"。作者通过案例探讨了如何运用人工智能进行设计思维的培养、开展STEAM教育和基于项目的学习活动。这为我们教师运用人工智能技术开展创新型教学提供了参考。作者也鼓励教师根据实际情况，运用恰当的人工智能技术开发合适的教学方法。需要注意的是，教师需要转变对AI角色的认识，技术不是用来辅助教师的教学，也不是用来替代教师的教学，而是作为教师协同工作的伙伴，充当教学助手和虚拟导师，发挥其独特的作用，与教师自身独特的优势结合起来，共同指导学生的学习。人工智能技术还可以通过分析大量数据，为教师提供更加有针对性的教学方法，并使得学生更加投入学习。此外，人工智能技术能帮助学生发掘兴趣爱好，并为学生提供有意义的学习体验。教师应该把AI工具交给学生，将其作为学生学习的伙伴，让学生应用智能工具进行自主、合作和探究学习。同时，教师也应该与学生在一起，给予他们指导、鼓励和温暖，鼓励他们接受失败和挫折，并超越机器人。ChatGPT作为智能聊天机器人，能够模拟人类的语言行为，与用户进行自然的交互。教师可以与它合作开展对话教学，也可以将它作为个性化的教学工具，引导学生与它进行对话学习。人工智能使得教学变得更加个性化。因此，有专家建议"学校应该深思熟虑地将ChatGPT作为一种教学辅助工具，一种可以释放学生创造力、提供个性化辅导，并让学生准备好成年后与AI系统一起工作的辅助工具"。这无疑为人工智能在教学中的创新应用提供了新的思路和方法。

　　作者探讨的第三个问题是人工智能如何支持学生的学习。这个问题的关键之一是要弄清楚要支持什么样的学习，即对学习本质的理解。作者指出学习是一个社会与文化的过程，这是指学习的社会属性，同时学习也是一个心理的认知过程。学习科学方面的研究成果表明，学习是一个发展性的、建构性的过程。因此要运用AI来支持学生进行自主的、协作探究性的学习，让学生在AI所创设的情境中解决问题，建构新知识，并发展思维。教师指导学生运用AI进行创造性的学习，目的是要培养他们的高阶思维和核心素养，而不是像传统教学那样灌输大量的知识，让学生通过死记硬背和刷题等强化训练来提高成绩。有研究指出，大多数所谓的人工智能在教学中的应用都十分关注于内容呈现和理解测试。此类人工智能应用通常采取行为主义的学习模式,即呈现—测试—反馈。这使得人工智能工具只起到强化知识记忆和技能训练的作用,并没有达成高阶思维培养的目标。清华大学钱颖一教授在2018年的一次演讲中指出,"未来的人工智能会让在我们的教育制度下培养的学生的优势荡然无存"。像ChatGPT这样的人工智能技术最擅长的就是考试和训练,在ChatGPT发布仅4个月后,即北京时间2023年3月15日,OpenAI发布GPT-4。GPT-4在GRE数学考试中可以考163分(满分170分),超过80%的考生;在GRE英语(阅读与填空)考试中,GPT-4可以考169分(满分170分),超过99%的考生。因此,在传授知识和训练技能方面,AI技术可以完全替代教师,但它却无法代替教师指导学生进行个性化学习,培养学生的高阶思维,以及训练大脑的思考。作者通过案例介绍了AI支持学生的个性化学习、差异化教学和STEAM教育,从而培养学生的设计思维和系统思维等能力。在这一点上,新的具有认知智能的技术可以作为学生的学习伙伴或助手,支持学生的个性化学习、协作探究性学习。同时,学生可以运用AI来评估自己的学习进度,并通过自适应学习来提高自己的学习效率。教师要引导学生创造性、批判性和研究性地使用AI,并确保学生道德性地使用AI,最后一点正是本书作者在第六章所讨论的问题。

作者关注的第四个问题是教师和学生在使用AI中的伦理道德以及安全问题,主要包括失控、隐私泄漏、网络欺凌和网络攻击等。这就要求教师不但在使用AI中关注这些问题,还要引导学生注意保护自己的隐私,正确判断并避免网络欺凌和网络攻击等,同时要有道德地、富有同理心地使用AI。苹果公司首席执行官蒂姆·库克(Tim Cook)在麻省理工学院2017年的毕业典礼上发表演讲时曾指出:"我所担心的并不是人工智能能够像人一样思考,我更担心的是人们像计算机一样思考,没有价值观,没有同理心,没有对结果的敬畏之心。"就在GPT-3.5发布两个多月后的2023年2月14日,美国密歇根州立大学发生了3人死亡、5人受伤的严重校园枪击案。而该学校发布的哀悼电子邮件竟然是由机器人代写的,这立刻引起了师生的强烈反感,他们认为本该由人类进行的思考和该由人类表达的悼念,竟然被一篇由 AI 写成的毫无感情、陈词滥调的文章所代替了,这反映了学校管理者的草率、冷漠和无情。随后该学校的负责人向媒体道歉说,她"对密歇根州立大学的人员伤亡深感悲痛",并"深感不安,因为我们学校在这个悲痛的时刻并没有表现出同理心"。可见符合道德地使用 AI 也要成为学校教育的内容。机器人是没有同理心的,只有人类才有。作者也在书中指出,我们不能忽视道德、原因和后果。要关注这些问题,我们就需要教授同情心和换位思考。有意思的是,当人们问 ChatGPT"如果你能以一种方式改变世界你会怎么做?"时,它的回答是:"如果我能以一种方式改变世界,我会努力促进更多的人与人之间的理解和同理心。我相信,如果我们能够学会从他人的角度看世界,并以同情和尊重的态度对待彼此,我们今天面临的许多问题,如冲突、不平等和歧视都可以减少甚至消除。"

人工智能在教学中应用的另一个需要关注的问题是作弊和剽窃问题。有调查表明,89%的美国大学生用 ChatGPT 写作业。纽约大学的教授警告说,使用 AI 完成作业就是剽窃。为此,纽约大学在其课程教学大纲的"学术诚信"部分已经明确规定把使用 AI 完成作业视为作弊行为,且明令禁止。有专家指出,ChatGPT 已经开始冲击全球教育业,并可能带来法律、安全、伦理风险,甚至滋生犯罪。有的教育工作者甚至认为 ChatGPT 成为了抄袭和作弊的利器,因此有些国家和地区的大学禁止使用 ChatGPT 进行写作和考试,如美国一些学校禁止在学校设备和互联网上使用该工具,理由是担心滥用。但有的国家则采取积极的态度,如新加坡政府公开表示支持在其教育系统中使用 ChatGPT,并计划将 ChatGPT 的使用逐步纳入学校和高等教育的教学中。同时,强调教师在新时代引导学生"发掘、提取、判断"信息的重要性。芬兰则将 ChatGPT 视为"大学教学变化的机会"。作为教师和学生,应该积极拥抱人工智能技术,有效地、创造性地将其运用到教学中,作为助手、导师、探究工具与知识建构工具来支持和促进学生有意义的、面向高阶思维与核心素养的学习。同时,国家也要出台相关的管理和监督制度,教师也应该积极引导学生在使用时形成良好的道德,既要符合伦理道德和学术规范,也要主动保护自己的安全和隐私,让人工智能在教育中最大限度地发挥其作用。

当我想把这本书翻译成中文介绍给中国读者时,我试着与本书作者联系,我在网上查找到了她的社交媒体联系方式,并多次给她留言,但一直没有得到回复。后来好不容易查到她的邮箱,我立即给她写了邮件,表达了想要把她的书翻译成中文的愿望。经过一段时间的等待,我终于收到了她的回复,才得知她在社交媒体上一直没有回复的原因,原来是在新冠病毒肆虐时,为了预防感染该病毒,她接种了新冠病毒疫苗,但产生了严重的副作用,导致她的视觉受到严重损伤,中枢神经也受损了,影响了语言中枢,因此她讲话比较困难。但她表示很高兴这本书能够在中国出版,并十分愿意为本书写中文版序。在此过程中,她克服了语言障碍,借助人工智能的语音转文本以及计算机视觉工具,终于写完了序言。一方面,我们向齐默尔曼博士表达深深的感谢和敬佩之情,她在身体不便的情况下仍然坚持完成了序言的写作;同时,我们也可以看到人工智能给有特殊需要的人提供了多么重要的帮助。很难想象,如果没有人工智能的支持,她是否能够完成这样的读写任务。AI 工具在她的视觉和语音康复中发挥了不可替代的作用,我们祝愿她早日康复。

为了能引起中国读者的共鸣,齐默尔曼博士专门在中文版序中以李白的《静夜思》为引子。同时,她也想借此表达虽然我们进入了人工智能时代,但诗歌中所表达的人类所特有的情感,如思乡、孤独,是人工智能、机器人所没有的。人工智能没有意识,没有温度,更没有同理心,而我们的教育则需要培养学生的爱心和同理心,帮助学生吸收传统文化,引导学生积极向善。作者希望作为教育工作者,我们应该思考教育的目标是什么,希望学生能够做什么,能够成为什么样的人。这些是我们教育工作者在人工智能时代所需要深思的问题,也需要我们在实践中用创新的理念和方法来回答这些问题。

在本书的翻译中,参加我教授的 2021 级的教育技术专业"博士专业英语"课程的博士生舒文兰、王姝莉、鲍婷婷、陈浩、吴剑南承担了部分章节的翻译和校对。我的博士生李作锟、硕士生陈佳艺和曹冰雪校对了部分章节,在此一并感谢。

  要特别感谢华东师范大学出版社教育心理分社彭呈军社长的大力支持,丛书的版权取得、翻译指导到排版等,彭社长都给予了专业的指导。出版社责任编辑王丹丹老师非常认真地校对了整个文稿,并提出了许多宝贵的建议和意见。在整个出版流程中,她确保每一个细节都得到了妥善的处理,使得本书得以顺利出版,以飨读者。

  限于译者的水平,翻译不尽符合中文习惯,难免有错误和不妥之处,恳请读者批评指正,以便修订和完善。

柴少明
2023 年 4 月 20 日

中文版序

>床前明月光，
>疑是地上霜。
>举头望明月，
>低头思故乡。

很荣幸能为本书的中文译本写序。当我受国际教育技术协会的邀请撰写这本书时，我希望这些内容能够传递给国际上的儿童和课堂。在我这些年的教学生涯中，我的课堂里一直有出生于中国的学生，或者他们的父母生于中国，以及他们仍然有家人生活在中国。我重视学习和了解传统、家庭故事以及他们共享的希望和梦想。用一首诗作为这本关于人工智能教学和技术的书的序言似乎有点意外，但我选择它是有原因的。这本书旨在引发问题、挑战人工智能在教育中的定义，并且让教师从人文和艺术到数学和科学中看到他们在学习过程中的价值。

当我采访AI领域的专家以及自20世纪60年代以来一直从事AI工作的专家时，我询问了他们最希望教师知道什么以便为未来做好准备。他们认为不仅仅是让教师教会年轻人如何编程、学习高水平的数学或计算，他们还希望年轻人了解技术的不可思议的力量和我们尚未完全理解的复杂性。他们强调了教学应用的重要性。在设计技术时所作出的决策将会导致很多后果。今天的孩子们将创造未来的技术。我们不能忽视道德、原因和后果。要关注这些问题，我们就需要教授同情心和换位思考。回答这些问题的人已经看到了人工智能发展的潮起潮落，人们对人工智能所提供的内容感到兴奋，但同时也看到了人工智能的寒冬，特别是当承诺过于宏大，而技术无法兑现这些承诺时，进步就会停滞不前。

当在围棋比赛中AI战胜人类真的发生时，人们可能感到震惊甚至可怕。有些人认为这是人类失败的标志。但是，当我与专家交流时，他们强调了一台机器可以在比赛中获胜，并能更快地处理各种选择，但它不能将技能和学习从一个领域迁移到另一个领域。一组技能是非常具体的。人脑有能力将学习迁移到另一个领域。因此，当我考虑在技术变得更加复杂后，什么会使人类对社会作出有价值的贡献时，我开始考虑人脑有能力做的事情，这些事情对机器来说更具挑战性或者目前机器无法复制。我想问你，亲爱的读者，为什么我选择在关于人工智能教学的书的序言中使用一首诗作为开端？如果我问机器，我会得到不同的回答。我可以问你，为什么我选择这首诗，而不是其他的诗。我还想在你阅读本书之前问你，为什么你认为哲学和游戏在让孩子们为人工智能世界做好准备方面仍然具有价值。这就是我希望读者阅读本书的方式：提出问题，探究为什么我会包括不仅仅是关于编码、计算机编程或算法的主题。这是有目的的。

在与该领域的专家交谈中，他们告诉我，他们在职业生涯中体验到的令人难以置信的巨大潜力，以及人工智能造成巨大伤害的可能性。因此，技术放大了我们设计或教它去做的内容。我们的技术将成为现在和下一代人们教它去做什么以及他们选择使用它的目的。

如果我们让孩子们按照预定义的过程重复步骤，他们会变得更擅长重复步骤。我们正在训练他们善于听从指令。这是一种有价值的技能。精确度的确具有价值。但如果我们教孩子们只是记住知识，如果他们的价值和身份只是停留在多么熟练地或在多大程度上记住或遵循指令，那么我们就是在教他们尝试具有一台不会疲倦或犯粗心错误的机器的完美或精确度。具有讽刺意味的是，技术领域的人们正试图创造出更像人类的机器，能思考、能感受、能创造原创的东西，而学校则正在设计消除情感、创造力、人性、个人思想或质疑的学习方式。在这本书中，我希望教育工作者开始思考为什么如此多的教育是按照现在的方式设计的，教育的目标是什么，然后再思考我们希望我们的年轻人能够做什么。如果我们的唯一目标是让孩子们记住学习内容并在考试中取得高分，那么重要的是要帮助教育工作者意识到，凭借处理能力和容量，将会有机器在接受训练时能够比大多数人更快地记住学习内容并在考试中取得更高的分数。当机器比人更擅长某项任务时，人们就担心机器将会取代人类。有些人不是问什么才是人类所特有的,而是通过督促孩子变得更完美、更快、更强和更少情绪化来回应这个问题。人们可能担心情绪是混乱的,会放慢变完美的速度。

在最严重的情况下,这种训练会导致非常大的压力,以至于他们会感到绝望,或者担心他们可能对社会或这个世界没有价值,除非他们是完美的。我不希望看到任何孩子或成年人结束自己的生命是因为感到离开这个世界是停止痛苦、绝望或恐惧的唯一方法,或者是因为担心他们不能完美地代表某人或某事。而这已经发生了太多次,而且还会再发生。这些生命是有价值的,而他们不知道。

我撰写关于人工智能教育的书的目的是帮助教育工作者准备应对将来的未知性和不确定性。自我写这本书以来,世界已经经历了许多未知性、不确定性、快速变化、创伤和绝望。全球也经历了医疗保健、生命损失、感染所带来的持久性的影响,它们对教育、就业、社会和经济等带来了极大的挑战。如此巨大的变化影响了前几代人一直保持不变的教学和学习方式,以及表演艺术和体育。孤独变得越来越普遍,在全球范围内有必要增加数字化教学。有人想知道用自适应技术完全取代人类教育工作者来教授内容是否会更有效。然而,我在过去几年中观察到的情况进一步增强了我推动人机交互之间平衡的紧迫性。

这种技术教学和学习的转变产生了积极与消极的影响。对我来说,用新的方法记录成功与失败是学习、反思和重新设计的一个重要组成部分。它成为我们历史的重要组成部分。许多学校希望人们认为没有挑战、没有混乱或失败。如果排除了我们的这部分历史和故事,就意味着错过了为孩子们模拟如何通过灾难恢复和重新设计的机会。在这些变化发生之前,我访问过一些美国和国外的学校,我发现很多学校和学校领导都希望孩子们在没有失误的情况下看到完美。失误、错误或失败可能会让人感到羞耻,而且如果确实如此,它们会被隐藏起来。这向孩子们传达了一个信息,即破碎和失去不应该成为生活的一部分。我选择的这首中国古诗反映了孤独是人类情感和生活的一部分。它与现代人的孤独是相关的。有过新入学经历的孩子能感同身受。即使是那些重视用金粉修复①破碎陶器的地方,也很容易忽视将这个概念迁移到帮助年轻人看到生活中的联系——突出破碎并用美填补它,再将其作为历史的一部分来铭记。

未来,我们的世界将经历更多的混乱。当我们选择看到那些经历过破碎、健康状况堪忧、神经系统疾病、残疾和难以集中注意力或思考的人身上的价值时,我们可以学习如何利用技术来支持他们,这样他们仍然可以为社会和解决挑战作出有价值的贡献。有时,有截然不同的生活经历的人,对生活没有期望的人,或者在受到打击的事情中幸存下来的人,才能找到一个复杂谜题的答案,并看到另一个人无法看到的事情。对于一些人来说,当他们看着床前的月光,想知道它是不是霜时,一个想法可能来自卧床不起或与世隔绝、无法融入社会的经历。可能是回想亲人说过的话,可能是祖先传下来的经验,也可能是对未来的希望。这可能需要一个人以经历悲剧后的新的眼光看待一首诗,思考过去及其对未来的意义,在技术的支持下帮助准备应对新的未知浪潮,减少损失,发展同理心,通过生存播下希望的种子。我们迫切需要这些人和他们的思维方式,作为开发技术对话的一部分,不是排除而是包括,要考虑伦理道德、人类价值和福祉,要治愈和重建,而不是破坏。包括经历过破碎的人和传统上可能不被认为是最成功的人,可能会使这个过程感觉不那么完美,并且可能会导致不适。但是,它有机会最终帮助带来治愈和健康。

通过这本书,你会看到我要求我的学生将失败、出错的事情看成是正常的,并练习谈论这些事情,甚至将它们公开以提高透明度。然后,找到帮助他们从这些错误中吸取教训的解决方案,就像寓言般的金粉修复一样。回顾过去可以让我们有机会反思过去的错误并从中吸取教训。当错误被掩埋或隐藏时,我们就错过了反思和成长的机会,也错过了看到成长中的美的机会。如果没有这种训练,在追求完美的重压下的一次失败就会使一个人崩溃而无法修复。当这种情况发生时,我们可能会失

---

① "金粉修复"指用金粉将破损的陶器修复为美丽的艺术品,意指通过反思和学习来修复错误与失败的过程。——译者注

去一位贡献者，他本可以以其他人无法做到的方式帮助解决问题。

你会看到这本书的每一章都像戏剧一样展开。这就像威廉·莎士比亚的"全世界是一个舞台"的暗喻，同时也让我们思考有多少教学和学习变成了剧本式的、表演式的或创造性的。我们是否只是在扮演我们期望的角色？当我们使用技术时，我们在扮演什么角色？我们的生活如何帮助讲述过去、现在和未来的更大的故事？书中章节开头的场景贯穿了人生的各个阶段，从孩童时期的惊奇和敬畏，到大学阶段，再到教育事业结束时的反思，以及教育工作者所决定的成功的最大价值和意义。成功的定义因人、地点、文化和时代而异。我们可以培养出才华横溢、异常聪明的人，他们过着自己的生活，但没有同情心、热情或动力去解决问题，从而让世界变得更美好。我们可以通过学校培养出聪明的人，他们忘记了自己是谁，忘记了过去的教训，并以一种有目的地导致不幸伤害的方式使用他们的才华，或者出于对潜在后果的无知而没有机会通过后果来思考他们行为的后果。如果有关AI的教学仅涉及编码和算法，那么作为教育工作者，我们就错过了帮助年轻人了解和考虑人机交互的各个方面的机会。

了解并让年轻人为人工智能世界做好准备不应取代文化、传统、历史或祖先。让年轻人为人工智能世界做好准备，应该让他们深刻了解人体的复杂性和许多健康人认为理所当然的运动的流畅性。处于人工智能交叉领域的机器人试图复制人类动作和传达情感仍然是非常困难的。当学习者开始看到尝试通过技术复制人性方面的复杂性时，他们可能会开始更多地理解通过动作、音乐、策略游戏、笔触来讲故事的工匠的技能，就像那些创造技术试图复制那些已经被掌握并作为学徒应用了几个世纪的能力的人一样。

现在，我回到关于这首古诗的问题。为什么我选择以一首诗作为人工智能教学书的序言的开端？为什么是这首诗？这首诗在今天有什么意义呢？唤起情感的价值是什么？问年轻人，如果他们独自一人待在房间里，看着月光洒落在床边，他们的故事会是什么？是霜吗？霜代表什么吗？他们将如何完成那个在此时此刻对他们具有新意义的故事？这些词是如何成为永恒的？即使是一首短诗，复制笔触需要哪些复杂的运动和编码？会失去什么？他们如何使用技术向其他人教授这首诗，并以一种可以与其他人产生共鸣的方式讲述他们的故事、他们的声音和他们的目的，这样他们就不会感到如此孤独或寂寞？一首诗如何激发对自然、空间、室内设计和建筑的探究？如果他们可以选择一个和这首诗相关联的主题，那会是什么？他们如何想象使用他们热衷的技能回馈社会，而这些技能不能由机器单独创造？技术会让人们感到更孤独吗？什么能让他们感到不那么孤独？什么可以帮助他们有目的地生活？

有关于 AI 创作诗歌的报道经常出现在媒体上。经测试，阅读这些诗歌的人真的相信这首诗是人写的，而实际上这些诗是由机器写的。人类写的诗是基于情感、经验、记忆和文化创造出来的。机器写的诗则不是。我选择的这首诗让我想起了我的一个学生讲的故事，它捕捉了旅行以及祖先和祖国的共鸣。凯文·周（Calvin Zhou）谈到了诗歌和名字以及距离和家庭记忆：https://sway.office.com/Bu6szGXBNUg0p5U9?ref=email。

在我学生的例子中，突出了凯文的个人经历，并在背景中提供了 AI 支持。他使用的工具是 Sway。在本书中，你将看到一系列超越编码的 AI 示例和应用程序，可以与编程一起教授。作为一名教育工作者，我希望我的学生知道作为人类他们是谁，要有生活的内在动力和为世界上的挑战贡献解决方案的内在动力，对前人有感激之情，关心解决全球性挑战，这些挑战重视人类的生活、环境、我们的世界，以及现在和未来。

怀旧是人之常情。虽然回忆可以唤起渴望或痛苦，但思念故乡的情感也有可能成为激发、鼓励、点燃人们在生活困难时坚持下去的理由。有很多方法可以思考和使用 AI 来支持学习者、教育工作者和社会。当你评估人工智能的应用，是通过你的学习者，也是为了你的学习者，问问自己：这是否有助于强调人们在技术的支持下发展技能的能力，使他们成为独一无二的人？它能帮助他们培养解决问题的技能吗？还是训练他们像机器一样思考和反应？如果它训练他们更像一台机器一样思考或反应，就要想办法提供额外的学习经验，让他们有机会发展同情心和同理心、换位思考、生活的目的，以及欣赏传统、文化、哲学等背后的真正意义。是的，还有月亮的宏大和白霜中微小晶体的美丽。

米歇尔·齐默尔曼

国际教育技术协会

国际教育技术协会（International Society for Technology in Education，ISTE）是一个与全球教育共同体一起合作的非营利专业组织，致力于促进运用技术解决复杂问题，激发创新。我们的全球网络技术具有变革教学和学习的潜力。

ISTE确立了宏大的愿景，即通过ISTE标准重新思考教育，构建创造性的学习环境，以期为学生、教育工作者、管理者、指导者和计算机科学教育工作者提供参考框架。ISTE举办的ISTE年度会议和博览会是全球最具影响力的教育技术活动之一。该组织提供的学习支持服务包括在线课程、专业私有网络、全年开放的学院、同行审议期刊及其他出版物。同时，ISTE也是专注于教育技术书籍的领先出版商。

若要获取更多的信息或者想成为国际教育技术协会成员，请访问www.iste.org。可以订阅ISTE的优兔（YouTube）频道，以及通过推特、脸书和领英（LinkedIn）联系国际教育技术协会。

关于作者

米歇尔·齐默尔曼（Michelle Zimmerman）在教育的多个领域工作过，从学徒制和合作教学到研究、领导力和教育工作者培训。她教过 3 到 16 岁所有年龄段的学生。她在西雅图的华盛顿大学教育学院获得学习科学与人类发展博士学位。她在学习设计方面的研究得到广泛的认可，并获得多个奖项。在美国伦顿基督教预备学校（Renton Prep Christian School），她把她的研究运用到混合式真实学习环境下的教学实践中，学生在这种环境中学习成长为有经验的教师和研究者。在她的领导下，伦顿基督教预备学校从 2015 年以来就被微软公司遴选为示范学校，并于 2018 年 9 月被评选为全美首家 K-12 微软旗舰学校。自 2007 年以来，她在世界各地做过多次演讲，包括在美国教育研究协会、迪吉彭理工学院（DigiPen Institute of Technology）、国际教育技术协会、纽约医学院（New York Academy of Medicine）、纽约科学院（New York Academy of Sciences）、纽约理工大学工程学院（NYU Polytechnic School of Engineering）、加州大学洛杉矶分校国家评估标准和学生测验研究中心（UCLA CRESST）、教育技术会议和多所大学。她的学生从 2011 年以来一直与她一起做演讲并与她共同创作。她多次应邀在微软、谷歌和 T-Mobile（美国第三大移动通信运营商）总部参加全球领导者盛会，为会议带来了不同的视角。

前言

2007年秋季，国际教育技术协会获得通用汽车公司的多年期资助经费，用于支持在K-12教育中开发人工智能领域的新资源。该资助项目的总体目标是为教育工作者创造可扩展的、一流的专业学习经验，这些教育工作者能够传播在课堂上使用人工智能的各种方法的知识。另一个重要目标是使教育工作者能与那些代表性不足的学生群体一起工作，否则这些学生有可能意识不到人工智能与他们有关，从而探究跨学科相关领域的事业。

我们与通用汽车的合作解决了劳动力所需技能与基础教育和高等教育所培养技能之间不匹配的问题。借助我们的K-12人工智能探索性在线课程，我们与五百多位技术协调者、课程指导者以及计算机科学教育工作者一起工作，帮助教师探索将人工智能技术整合到课堂教学中的方式，旨在培养学生在学校环境下自主探究和实践应用的能力。

国际教育技术协会出版的《人工智能教学——探索学习新前沿》一书探讨了什么是人工智能，它是如何工作的，以及教育工作者如何运用人工智能来帮助学生更好地为适应与日俱增的人机互动世界做好准备。我们的目标是这本书能帮助教育工作者激发学生参与到基于项目的学习中，这种基于项目的学习关注的是探究人工智能的各个层面，特别是人工智能解决社会中真实问题的潜力，以及它在我们生活中的不同方面跨学科的适用性。

如果没有通用汽车公司的经费支持，国际教育技术协会人工智能方面的工作是不可能完成的，这项工作也离不开"全球社会影响与STEM教育"（Global Social Impact and STEM Education）研究项目经理海娜·波洛克（Hina Baloch）的大力支持。

致　谢

"这些孩子所说的你听见了吗?"

"是的,"耶稣回答道。

(马太福音 21∶16)

我想感谢我的榜样们,因为受到他们的影响,我才决定接受写这本书的挑战。

人工智能是一个有争议的话题,而且很少包括代表性不足的声音。现在是时候让年轻人加入到对话中,直面那些直接影响他们未来生活的具有挑战性的话题了。我最伟大的榜样们愿意花时间倾听孩子们的心声,关注他们所说的话,同时表明孩子们作为人一样有他们自己的价值观。

我的外婆弗洛伦斯·梅尔茨(Florence Merz)经常倾听年轻人的心声,而这些声音是其他人所不关心的。她将自己短暂的一生致力于为孩子们带来公平和社会正义,我曾听到许多她领先于时代的故事。在人工智能的新领域,我们需要像她一样的人来努力减少偏见,促进平等。

我的母亲,格洛丽亚·齐默尔曼(Gloria Zimmerman)追随外婆的步伐,从事特殊教育,关注特殊人群的需要。她通过真正的倾听来塑造力量并带来改变生活的积极影响,即使是在听不到的情况下。当年轻人由于经历严重的创伤,或者他们所问的问题没有人敢于回答,或者别人没有很好地对待这些问题,而处在放弃生命的边缘时,我的母亲总能读懂这些年轻人的心声。她耐心倾听,并发现他们最大的优势,帮助他们展翅高飞。

当我自己的挑战似乎无法克服时,我的母亲经常问我一个简单而深刻的问题:"如果你所做的事情能积极影响一个孩子的人生,难道这不值得吗?"这个问题引领我一直坚持演讲和写作,致力于变革教育。一次小小的成功可以改变一个人生命的轨迹,并且在未来会影响其他许多人,这一点超出我们的想象。

要不是我的父亲大卫-保罗·齐默尔曼(David-Paul Zimmerman)的支持,我也不会挑战自己而坚持学习最新的技术。他在读研究生期间是该专业第一个在康茂达64①上打字撰写毕业论文,然后在一个点阵打印机上(dot-matrix)打印出来的人。20世纪80年代,他意识到教育需要运用最新的技术,他把一台电脑带进了我们家里。2008年,他决定重新改造我外婆创办的学校,以帮助年轻人接触最新技术,他为未来做好准备。2010年他引荐我参加国际教育技术协会,让我注册报名并参加了在丹佛举行的会议,他告诉我该怎么走下去、为什么这样走。他带我走进了一个新的学习领域。

丹尼尔·博伊鲁姆(Daniel Boirum)鼓励我坚持通过教育帮助年轻人参与到有争议话题的讨论中。2009年,我第一次在我的课堂中实施每人一台手提电脑计划时,也把多种视角和一手资源带进了课堂。这时,丹尼尔给我写了一封信,由此改变了我的教学方式。他告诉我,当我的学生意识到没有容易的答案——甚至不知道该如何给出答案时,我就会明白作为一名教育工作者的成功。他的理念提醒我人性中存在灰色地带,我们能够避免这些,使学习变得简单,或者我们可以帮助年轻人引导他们理解事物的复杂性,同时培养他们的同理心。丹尼尔也改变了我使用技术进行教学的方式。他十年前所说的话在很大程度上影响了本书的设计,同时他一如既往地给我反馈,并愿意提出直率的批评。没有他以及他年幼的儿子富有哲理的问题——"它是好机器人还是坏机器人",就不可能有本书每章导入部分的理念。

艾德里安·穆里亚斯(Adrian Murias)曾播下这样一粒种子,向我展示了语言和人类情感的美妙是任何机器都无法复制的。正是他对语言、身份、文化、家族史、DNA以及遗传学的讨论,给我第三章的写作带来了灵感。他向我讲述了一位像他一样热爱科学的老师的故事,这位老师激发他不断地提出问题,他还向我展示了一位教育工作者可能对一名学生的一生产生怎样的影响。艾德里安现在是一位拥有多项专利的发明家,

---

① 也称为C64、CBM64,是康茂达公司于1982年推出的8数位家用电脑。——译者注

他正在革新卡车和发动机的设计。我们的合作始于2013年，然后在2016年，当我梦想设计一个既包括未来教育又有通用汽车公司支持的项目时，他给了我很大的鼓励，使我梦想成真。在我遇到网络攻击以及其他技术阴暗面的情形下，他总是在我身边，随时给我帮助。他再次向我展示了当技术以一种颠覆性的方式使用时人类沟通的重要性。没有他，书中关于伦理一章的内容就不会是现在这个样子。

我要感谢我的哥哥马修·齐默尔曼（Matthew Zimmerman），他帮助我了解科幻小说如何处理人类面临的深层次方面的问题。在我看到这些之前，他也看到了我身上的东西，他促成了我与维尔福集团的合作以及我在课堂上使用《传送门2》（Portal 2）①进行的四年游戏研究。正是他提出的问题和引起我注意的细节改变了本书的方向。如果他没有这样向我指出，内隐学习（implicit learning）和学习迁移的概念就不会变得更清晰。

在STEM领域对女性角色越来越感兴趣的时候，我想承认男性的重要性，他们也可以对STEM和领导力领域的女性产生深远的影响。罗杰·索德（Roger Soder）、乔纳森·格鲁丁（Jonathan Grudin）、阿肖克·戈尔（Ashok Goel）、杰森·奥斯本（Jason Osborne）、法比奥·科罗内尔（Fabio Coronel）和艾拉·索科维茨（Ira Sockowitz）给我提供了不同的视角，重新塑造了我的思维，并支持我探索新的学习领域所固有的富有成效的努力。没有他们，这本书就不会像现在这样。

学习是一个社会性的文化过程。一个人无法兼顾所有必要的信息和数据，以有效地适应整个课堂的学习者，因为这些学习者彼此之间是非常不同的。人工智能有望增强和支持教育工作者的关键工作，而不是取代他们。了解我们作为人的身份以及我们在未来的社会要成为什么，对于确定我们为教育后代而设定的目标以及我们如何共同实现这些目标是至关重要的。

---

① Portal 2，是Valve Software研发的独具风格的第一人称射击游戏和益智解谜游戏的结合体。——译者注

目 录

绪 论	1
本书为谁而作?	5
如果你是 AI 新手	5
如果你有丰富的人工智能经验	7
为什么你应该读这本书?	7
视角	9
方法	9
国际教育技术协会(ISTE)学生标准	10
公平和道德	10
你可以期望从本书中发现什么	11
第一章　人工智能是什么?	15
探寻人机交互	15
AI 是什么？不是什么？	19
个人助理	20
聊天机器人	21
语言翻译器	22
面部识别	22
可访问性	24
自动驾驶汽车	24
AI 创新应用	25
AI 以及它对人类意味着什么	26
AI 历史	30
在自己的游戏中击败人类	32

当前的 AI 季节：如何使用 AI	34
AI 与医学领域跨学科团队	34
IBM 沃森	35
米娅学习	36

第二章 为学生的未来做准备   39

与专家对话	39
比较人类学习与 AI	43
AI 机器学习是如何工作的	50
使机器学习更复杂	52
AI 应用对未来职业的影响	54
皮克斯动画工作室	54
材料科学和工程	56
国防领域	58
美国国防部先进研究项目局教育项目	59
生物医学进步带来的通达性	60
道德考虑	63
ISTE 学生和教师标准	64

第三章 运用 AI 的教学方法   67

茶道与设计思维	67
AI 融合在现有课程中	74
将我们所知的 AI 知识应用于教育中	76
AI 语言和词汇	77
灵活性	77
道德	77
文化	78

在一个快速发展的领域中教学	79
"高接触和高科技"学习	81
设计思维	82
设计中的发散思维	83
视觉思维:在机器学习中支持设计思维的策略	89
STEAM 与艺术	90
STEM 学习情境下的 AI 教学	94
STEM 和用种子讲故事	96
如何看待这一单元中的 STEM	100
展示 ISTE 学生标准	101
下一代科学标准	102
基于项目的学习	102
我从哪里开始?	104
总之:不要相信任何人的话	106

第四章　人工智能如何支持学生学习　　111

用故事讲述和 AI 开拓视野	111
人机交互和 STEM 学习的基础	113
学习是一个社会和文化的过程	115
故事讲述和为 AI 做准备	117
个性化学习	119
差异化教学	123
机器人技术	127
STEM 职业中的多样性和性别平等	128
人人适合 STEM	129
反思 STEM 职业中的多样性	131
STEM 职业中的头发和多样性	133

第五章　AI 如何支持教师　　137

智能工作，而不是努力工作　　137

设置自动化任务以解放教育工作者的时间　　141

在社会文化学习中起重要作用的人类视角　　142

数据挖掘　　143

评价　　144

人工智能、机器学习和人机交互的增强支持的成功　　146

制定更智能的而不是更努力的路线图　　147

艺术、音乐和 AI　　148

　　音乐课堂的混合型工具　　148

　　艺术评价的作品集工具　　149

数字时代的学徒制　　151

AI 增强支持教育工作者　　152

教师可以为 AI 增强添加什么　　153

教师的重要性：AI 增强体育课的教学案例　　154

开发聊天机器人　　155

全球教育工作者如何看待自己在 AI 教育中的角色　　158

　　正头英和（日本）　　158

　　普提·拉戈帕拉（南非）　　159

　　南青吴（越南）　　159

　　安杰利基-帕帕（希腊）　　160

第六章　道德考量　　161

一个生病的婴儿和那个没有躲在报纸后面的男孩　　161

AI 人性的一面　　163

失去控制　　164

失去隐私	165
在线隐私	166
面部和语音识别	166
网络欺凌	167
网络攻击	168
法律和法律制度	169
游戏和流氓 AI	175
就业市场的变化	176

结论　我们可以提供什么：求真务实　181

    缺陷和失败　183

术语表　186

参考文献　196

2016年国际教育技术协会学生标准　218

绪论

如果你拿起了这本书，就意味着你愿意投入到为青年人的未来做好准备的事业中，而这个未来是包括人工智能的（artificial intelligence，AI）。

没有一个单一的定义能囊括所有的人工智能，而且关于人工智能的很多信息看起来似乎是互相矛盾的。你可能听到那些从事几十年人工智能研究的人说，人工智能现在还不存在，但是人工智能所需的组件的确存在，并且变得越来越复杂。你也许在媒体上看到很多讨论，说 AI 这个术语是指应用程序、机器人或系统，因此你也许会怀疑 AI 是否真的存在。面对所有的这些困惑，很难说出 AI 究竟是什么。

我们所面临的挑战中的一部分是 AI 的定义在不断变化，因为技术正在变得越来越高级，而且应用也越来越常态化。例如，之前有人认为 AI 存在的证据是计算器，但我们现在看到，计算器是一个基本的技术，人们并不认为它复制了人类智能。可以这么说，技术的进步抬高了 AI 的门槛，这就更难确切地说究竟什么是人工智能了。

有些人把 AI 的基本目标定义为复制人类智能。其他人则建议 AI 应该增强人类智能，但不能代替或复制人类智能。对技术目标的这些不同视角的理解也会改变人们定义 AI 的方式，以及人们如何决定它包括哪些技术。

对 AI 的定义很难达成一致的困难之一在于人们还在争论人类智能究竟是什么——不仅在计算机科学中，在生物科学和心理学中也都有人在争论这个问题。人类智能是智商（IQ）测验分数吗？是人们迁移学习并应用它的能力吗？是社会性互动的能力吗？是计算复杂算法的能力吗？是否存在多种类型的智能？如果对人类智能究竟包括哪些还尚未达成一致，那么我们可以合理地推测，在机器能做什么的能力差异上也会很难得出一个单一的定义。为了说明这个问题，《韦氏词典》(*Merriam-Webster*, 2018)对人工智能的定义如下：

1. 是计算机科学的一个分支，处理计算机中智能行为的模拟；
2. 机器模拟人类行为的能力。

根据这个定义，有人认为机器基于一张自然风景图就可以构思出一首俳句①，这是模拟了人类的智能行为。然而，机器缺乏情感、文化和传统意识，这意味着机器并不是真实地复制了人类的智能。同样，一台机器能赢得围棋比赛，但不能在一个不太复杂的游戏（如井字棋）中击败人类，这就是说机器并不能真正模拟人类的智能行为，因为它不能把它学到的策略从一个游戏迁移到另一个游戏。自动更正也许看上去像是对智能行为的模拟——直到它用人类认为不合适的东西来代替我们想说的话。难道它真的就是对人类智能的复制吗？

技术百科（Techpedia，2018）把人工智能定义为"计算机的一个领域，它强调创造能像人类一样工作和反应的智能机器"。它还列出了一些具有人工智能的计算机所设计的活动，如：

- 语音识别
- 计划
- 学习
- 问题解决

在写这本书的过程中，我找到了多位人工智能领域的专家，让他们权衡教育工作者在自己研究 AI 时可能碰到的困惑。这些权威专家由于多年研究这一主题的经验和工作，因此对人工智能有着深刻的理解。

阿肖克·戈尔（Ashok Goel）是佐治亚理工学院交互计算学院的计算机科学和认知科学方面的教授。作为学院以人为中心的计算博士项目的负责人，他能够从信息世界的视角来审视人工智能。同时，作为创新、学习与认知教师联盟的协调者以及互动智能教师联盟的协调者，他提供了关于人工智能如何与人类世界互动的见解。戈尔是学院设计与智能实验室的主任，也是佐治亚理工学院仿生设计中心的联合主任，这些工

---

① 日本诗体的一种。——译者注

作经历影响了他如何看待人工智能对物理世界的影响。那些在定义人工智能时只关注一个领域的特定方面或部分的人们可能不会考虑另一个领域,而这个领域对人工智能的定义是必不可少的。但当我们考虑多个领域时,即从生物学到计算机科学,再到创新与认知,我们就可以获得一个更宽广的视域,由此帮助我们审视这些定义相互交叉的方式。戈尔全面的专业经验为他提供了这样的视角,同时也使他能够清晰地了解教育工作者可能会遇到的令人困惑的新领域。

在与戈尔的个人通信中(2018 年 5 月 22 日),他坚持认为通用人工智能(general artificial intelligence)还不存在。还没有人创造出这样一台机器,它能将交互、推理、处理、响应和创造性的能力与像人类一样的情感相结合来复制人类的智能。

戈尔分享了他创建的可视化图表,以帮助其他人了解 AI 的各个不同部分如何结合在一起。想象一个大圆圈,它代表了所有的 AI。在这个圆圈中,AI 的狭义应用已经存在。脸书能识别照片中的人脸就是一个例子。另一个例子是语义网络,运用 HTML 语言和标签可以把感知到的信息翻译成机器理解的语言。在较大的圆圈内,AI 的这些部分由三个较小的圆圈表示,这些圆圈像维恩图一样重叠(如图 1.1)。

图 1.1 维恩图示 AI 的不同方面以及它们所对应的真实世界(Goel 和 Davies, 2019)

这三个小圆圈分别代表了解决创建通用 AI 的挑战所必需的已知方面:认知系统、机器学习和机器人。AI 的这三个方面并没有严格界定。有些技术适合不止一个类别,在这种情况下,它们将属于维恩图中的重叠区域。

认知系统处理人类世界。它们包括聊天机器人(chatbox)以及 IBM 沃森(IBM Watson)等认知计算系统,这些系统已用于从医疗保健到琐事游戏(trivia games),再到帮助幼儿学习词汇的各种应用中。

　　机器人与物理世界打交道,可以四处走动并与人类互动。一个例子是通用汽车(General Motors)和美国宇航局(NASA)开发的手套,可以帮助减少重复性任务对人体的影响(Vanian, 2016)。

　　机器学习处理信息世界。它指的是不仅可以处理大量数据,而且有能力在数据上做得越来越好的机器。

　　根据目前的知识,如果三个系统都集成在一起并且知道如何以有意义的方式相互交流和学习,人工智能就可以发挥其作用。戈尔讲道,有人开玩笑说 AI 应该代表"几乎完全集成"(almost integrated),因为没有人想出如何整合机器人、认知系统和机器学习来创建通用 AI。他还认为他的图表可能缺少一些圆圈,它们代表那些真正的通用人工智能所必需的但尚未发现的要素。

　　如果我们过于关注仅仅整合现有的人工智能的组成部分,我们就有可能错过认知科学、人类发展和社会文化观点等重要部分。保罗·艾伦(Paul Allen, 2011)声称揭示神经科学的未知领域可以帮助解决创建 AI 的挑战,但戈尔指出了神经科学的局限性,因为它只关注理解人脑是如何工作的。人类不仅仅是孤立地工作的身体和大脑。我们在情境中不断学习——这一点将在第二章中看到,我们的大部分学习都是在其他人在场的情况下发生的。根据分子发育生物学家约翰·梅迪纳(John Medina, 2008)的说法,我们的经历会影响我们大脑的连接方式。没有哪两个人的大脑是完全一样的,部分原因在于我们独特的经历。

　　定义人工智能的各种不同元素也很棘手。例如,在哪一点上一台机器被认为是机器人?本书的目的就是我们将使用速成课程①提出的定义,这是一个面向所有年龄段学习者的一系列 PBS②(教育视频)节目,它

---

① Crash Course,优兔上的系列课程。——译者注
② PBS 指美国公共广播电视公司。——译者注

将机器人描述为"能够在计算机控制的引导下自动执行一系列动作的机器"。请观看"了解 AI"部分的两个速成课程视频，以比较机器人和 AI 之间的区别。

了解 AI

> 观看有关 AI 和机器学习的速成课程视频，了解机器学习的核心，它存在于更雄心勃勃的人工智能的目标之中。从垃圾邮件过滤器和自动驾驶汽车，再到尖端医疗诊断和实时语言翻译，看看计算机如何从数据中学习并应用这些知识做出预测和决策：tinyurl.com/y9uojrug。
>
> 观看有关机器人的速成课程视频：tinyurl.com/y9sw82sg。

本书为谁而作？

本书提供了关于教育和其他领域的人们如何理解、使用和训练人工智能的多种视角，这些已经改变了人机交互的格局。本书也许对你来说是 AI 入门，或者你已经在学习、研究或开发 AI 一段时间了。

如果你是 AI 新手

如果你是 AI 新手，并且对教育充满热情，那么本书可以帮助你理解 AI 是什么，它目前是如何存在于你或者你的学生可能已经使用的技术之中的，如何帮助你的学生为 AI 在他们未来的生活和事业中发挥更大的作用做好准备。这不仅仅是编码或寻找一个可以教你的学生为自己创建人工智能的网站。当我们在为学生的如今的工作可能被电子亭、装配线、聊天机器人和神经网络等机器取代的未来做准备时,我们需要意识到围绕人工智能的许多社会文化意义。

我们的学生需要理解他们是谁;为什么社会、文化和传统如此重要;如何尊重他人;如何在机器不擅长的领域变得更强大,同时了解机器增强人类能力的能力。学生需要知道如何学习、遗忘和重新学习,以便让自己在不断变化的就业市场中仍然能参与其中。设计思维、STEM(科学、技术、工程和数学)以及基于项目的培训可以帮助学生培养这方面的思维模式。

学生还需要知道如何审视并有意识地探寻多种观点,以尽可能减少在放大机器学习的能量时可能存在的有害偏见。正因为如此,本书特意突出了来自世界各地不同职业领域和人生阶段的人们的声音与观点。这些人来自不同区域,有不同的背景,这就提醒人们多样性是非常重要的。我们需要努力寻找多种观点,为我们的学习者树立榜样。

生活在一个有人工智能的世界里,学生不仅要成为持续的学习者,还要成为老师——首先是其他人的老师,然后是计算机的老师,因为他们训练机器并与其互动。希望在未来开发人工智能的年轻人一定能够考虑到一系列的影响,包括司法保护、道德考量,以及当机器变得更像人类时会发生什么。我们会将人工智能视为机器还是人类?当我们试图在人工智能的荒野西部边境强加秩序时,这些都是至关重要的对话。

随着学生在工作中使用人工智能的各个组成部分,如机器人、认知系统和机器学习,未来的职业将变得越来越跨学科。作为教育工作者,我们有机会在学习和教学的不止一个学科领域的开放性方面做出榜样。机器通常是针对一个特定的领域的,人类有能力超越领域并创建跨领域的应用程序。这就是为什么本书在艺术、科学、语言、伦理和其他领域之间建立了意想不到的联系。你将会看到各领域的示例和实践应用程序,它们显示了人工智能跨学科的特性。例如,皮克斯动画工作室(Pixar Animation Studios)融合了故事讲述、艺术、计算机科学和数学创作动画电影。你的学生可以运用免费工具来实践这种跨学科性。

本书还可以作为一个指南帮助教育工作者看到一个更广阔的学习场景,其中社会文化视角帮助我们的学习者在未来运用人工智能以取得成功。本书不仅仅是关于计算机科学或 STEM 的。书中通过多样化的人类视角讲述人工智能故事,并给你提出了挑战,促使你建立自己的联系。这里相关的故事不仅意味着挑战你作为读者的视角,而且也为了你与学习者进行讨论。这些故事意在展示只有人类才能做的事情:在看似不相关的领域之间建立联系。我们知道文学、语言学、哲学和艺术有助于培养这种思维方式,同时形成同理心。机器处理大量数据的速度比人类要快得多,但我们可以增强从一个情境迁移到另一个情境的学习能力来继续参与;在跨学科之间建立联系从而识别创新的解决方案;还可以把观点抽象化,并创作可以传达感情、文化、传统和有目的的方案的内容。

如果你有丰富的人工智能经验

如果你目前正在使用人工智能并且对教育充满热情,那么本书可以帮助你激发思想的火花或建立联系,以帮助你继续推动人工智能突破更多的边界。本书还可以帮助你更加了解教育工作者在课堂上所遇到的挑战。正如设计思维方法论指出的那样,设计需要从同理心开始。同理心能促使人们提出如何解决挑战的问题,这些挑战与其他人直接相关,但并不一定与你有关系。它还可以促使人们寻找多种视角。

为什么你应该读这本书?

更好地了解人工智能可以帮助你做出明智的决策,这些决策将会影响你的学生的未来。人工智能也许看上去还相对比较新且可能是一个令人头大的概念,或者只是高级编码人员感兴趣的概念。但是人工智能与每个人息息相关,不管他们是否对编码感兴趣。

对我们中的大多数人来说，了解人工智能已经发展成为一种流行文化。例如，电影把我们想象的内容可视化并表达出来，经常使观众感到好奇，有人工智能的世界将会是什么样子。这些电影经常把机器人和人工智能混为一体，如电影《机械姬》（Ex Machina；Garland，2015）和《超能陆战队》（Big Hero 6；Hall 和 Williams，2014）。第一部电影采用谨慎的反乌托邦语气，而第二部则想象当人工智能能够通过延续的遗产和增强的医疗援助来支持人类康复时可能会发生什么。

人工智能并不仅仅是科幻小说。它已经被用来使人们以更快的速度和准确性更出色地完成工作。伊恩·赫尼西（Iain Hennessey）博士是英格兰奥德黑儿童医院（Alder Hey Children's Hospital）的创新临床负责人，他正在利用 IBM 沃森（IBM 公司，2017 年）的力量开发聊天机器人，让医院里的孩子能够与他们的父母互动，记录他们的感受，并在获得即时反馈的同时提出问题。聊天机器人的使用还为医疗保健专业人员提供了宝贵的数据，为他们未来的实践提供了信息。尽管与《超能陆战队》中试图解决医疗需求的可爱机器人大白（Baymax，电影《超能陆战队》中的虚拟人物）大不相同，但像这样的聊天机器人可以作为跳板，进一步推动由 AI 赋能的医疗创新。由于聊天机器人可以收集数据并对典型的问题做出反应，医生可以有更多的时间专注于紧迫的问题并且给病人提供更个性化的服务。

然而并不是所有的人工智能都像赫尼西的聊天机器人一样是可见的。全球各地的人们都在使用人工智能完成一些基本任务，只是人们常常并未意识到这一点。人工智能帮助赋能我们日常使用的许多工具，包括：

- 虚拟个人助手，如 Siri（苹果语音助手）和 Alexa（亚马逊语音助手）
- 视频游戏
- 自动驾驶汽车（McFarland，2015）
- 公司采购预测功能，如美国塔吉特百货（Target）和亚马逊（Amazon）
- 被银行用来防止信用卡诈骗的诈骗检测
- 在线顾客支持

- 简单的体育统计和财务报告的新闻生成(Finley, 2015)
- 安全监控
- 音乐和电影推荐服务,如声田(Spotify)和网飞(Netflix)
- 智能家居设备(Albright, 2016)

这一切对学生意味着什么？本书的目标是帮助教育工作者决定如何把人工智能融入到他们的课堂教学中,并确定学生生活在人工智能世界中需要了解什么。我们将探讨人工智能增强教育的一些不同的方法,包括:

1. 对学习者进行人工智能教育;
2. 教学生学会在充满人工智能的世界中生活;
3. 帮助教育工作者理解他们如何使用人工智能以增强人类的能力。

视角

本书吸收了代表人工智能领域的广泛的、多种专家的声音。读者将接触到来自多个国家的全球视角,包括来自澳大利亚、日本和南非的工作亮点;其他国家教育工作者的声音;以及代表性不足的学生的声音。微软研究员埃斯·卡马尔(Ece Kamar)博士探讨了作为使用人工智能的开发人员和研究人员要了解你正在工作的领域的重要性(Huizinga, 2018)。奈尔·威尔逊(Nile Wilson)博士指出,在为利用 AI 的脑机接口开发可访问性解决方案的过程中,纳入客户、家庭护理人员和医疗专业人员的重要性(个人通信,2018 年 5 月 2 日)。在诸如此类的跨学科合作中,设计思维过程中的同理心是找到人们的问题的有效解决方案的一个重要组成部分。教育也同样如此。

方法

有些人更喜欢用分析性的方法来调查和应用人工智能。其他人则致力于想象人机交互的情感影响。对于后者,讲故事可能是最有意义的一种设想人工智能将如何影响现在和未来的学习者的方式。AI 研究员罗杰·尚克（Roger Schank，2018）认为，讲故事是我们理解世界和分享有用信息的基本工具。对于那些喜欢分析性方法或在课堂上没有太多经验的人来说，本书中的章节导入场景、案例研究和学生的声音都将为人工智能推进教育增加另一个层次的视角。反过来，这可能有助于以最终用户为目标的开发周期，或促使开发人员考虑设计过程的新问题。

国际教育技术协会（ISTE）学生标准

在本书中，你将看到以多种方式引用 ISTE 学生标准。有时 AI 和 ISTE 标准之间的联系是明确和显而易见的；而其他时候，它可能会通过一系列的反思性问题逐渐呈现出来。你可以在本书最后找到完整的 ISTE 学生标准。

公平和道德

在这一点上，你可能对在学校教授 AI 的组织工作有一些疑问。2018 年参加得克萨斯州奥斯汀会议的一位教育工作者问道：

"我看到了学习人工智能的价值，但对一所还没有技术的学校，我能做些什么来说服学校的管理人员、家长和学生并让他们做好准备呢？"

技术仅是让学习者为人工智能世界做好准备的一个组成部分。他们还需要能够应对围绕 AI 出现的哲学问题和逻辑论证（Vander Ark，2017）。他们将需要发展自己独特的人类能力来执行人工智能无法完成的任务，例如发现看似不相关的主题和领域之间的联系。学生可以在有或没有技术的情况下学习这些技能。从事人工智能工作的专家在开发人工智能系统时越来越意识到跨学科协作的重要性。在本书中，你将找到连接设计思维、STEM 和伦理的跨学科主题——所有这些对于确保与 AI 的全面互动都是至关重要的。

为了运用人工智能创造一个公平的世界，我们在解决偏见问题、为我们的社会阐明目标以及考虑教育如何帮助我们实现这些目标方面要保持警惕。我们可以从能在所有情境中使用的内容开始,无论是否使用技术,例如培训年轻人去思考、推理、回应、创造和失败。即使没有在课堂上接触到技术,也有可能帮助年轻人发展思维的灵活性,并成为有能力的学习者、知识建构者、创新设计者、创意传播者和计算思维者。

一旦学习者以这种思维方式做好准备并开始在校内外与技术互动,你就可以帮助学生利用这些技能成为成功的数字公民和全球合作者。人工智能可以帮助完成所有的这些目标。随着学生以不同的方式掌握这些技能,他们将在未来更好地参与并开发人工智能。教育工作者可以开始培养这种思维方式,讨论人工智能的伦理考量(Green,2016),并帮助学生理解制定与执行可能尚不存在的新政策和法规意味着什么——所有这些都没有在学校里完全使用技术。通过这种方式,教育工作者可以开始帮助学生、家长、教师和领导层考虑有助于在教育中为人工智能奠定坚实基础的动力与技能。

你可以期望从本书中发现什么

第一章通过简要回顾历史和对构成 AI 的各种组成部分的讨论来探讨 AI 是什么。这将为介绍教育工作者如何在 IBM 沃森、Adobe 和芝麻工作室(Sesame Workshop)等技术与组织的帮助下使用 AI 的案例设置相应的情境。

第二章侧重于讨论为什么我们应该关心让学生为 AI 的未来做好准备。ISTE 学生标准不仅仅是另一个需要逐一检验的标准列表——它们帮助教育工作者将学生的最终目标锚定在学习实践上,例如创造、重新设计、失败和问题解决。以这些标准为目标旨在为学生参与人工智能实践奠定坚实的基础。

第三章介绍了人工智能教学方法。这些方法包括基于项目的学习、设计思维、系统思维、AI 在课堂中的应用以及其他的项目资源和课程计划。本章还包括来自世界各地的教育工作者关于这个主题的问题和想法。

第四章深入探讨了人工智能如何支持学生的学习。与 AI 合作需要多学科的方法，而 STEM 的整合性特征为开发这种方法提供了一条真实的路径。我们还将发现在 STEM 中增加"艺术"会如何帮助我们更好地理解人工智能。

第五章讨论了人工智能如何通过自动化任务和解放教师的时间来支持教育工作者。我们将研究一位大学教授如何通过创建超越多项选择的动态评估和开发一个改变了机械工程专业学生学习方式的聊天机器人，来为他的 500 名学生自动完成任务。

第六章深入探讨了伦理问题和关注的焦点。人工智能有潜力创造巨大的积极变化，但它也有可能引发恐惧。作为教育工作者，我们有责任帮助指导有争议的技术以实现有益的用途，并培训新一代正确使用这些技术，从而让世界和人类变得更好。现实情况是，任何技术（或人类特征）都有可能产生积极影响或破坏及伤害。对于人工智能，我们必须考虑道德问题，例如失去控制和隐私、自动化导致的就业市场变化以及法律影响。

结论部分将所有这些观点整合在一起，并呼吁教育工作者采取行动，同时为下一步运用 AI 进行教学提供一些具体的步骤。

在本书中，你可能会遇到一些新的词汇。书后所附的术语表可以帮助教育工作者形成一种共同语言来讨论人工智能。你还可以在每章中找到建议性的活动和问题，以帮助你加深理解、尝试新概念并反思所呈现的信息。书中所提供的链接将引导你访问媒体作品，这些作品可以帮助你的学习体验更加生动，同时还给你提供可以在课堂上与学生、家长和其他教育工作者一起使用的拓展资源。这些都来自各种值得信赖的教育渠道，包括公共广播公司的学习媒体（PBS Learning Media）、芝麻街工作室、TED 教育（Ted-Ed）、微软、Adobe 和谷歌等。你还将找到可以在课堂上使用的电影和其他媒体的参考资料，运用这些资源可以展开 AI 的讨论或激发设计思维和 STEM 项目。

当你继续在教育领域使用AI时，请考虑今天5岁和6岁的孩子，他们中的许多人将在2030年完成中学教育（Holzapfel，2018）。当孩子们学习时，他们的大脑会吸收大量的感官信息。他们处理这些信息，采取某种行动，并从反应中学习。然后他们可能会调整他们的方法或寻找新的信息。当我们探索人工智能与人类之间的交叉点时，我们可以开始提出更多问题，这些问题不仅有关于我们要年轻人完成正规教育的目标，还有我们对人工智能的总体目标（tinyurl.com/y9xxjckv）。我们可以决定是否将精力集中在增强人类智能或复制人类智能上。2018年在微软研究的主题为"人工智能与社会交叉点的生活"（tinyurl.com/y9xxjckv）的播客中，埃斯·卡马尔博士引用了她的博士生导师芭芭拉·格罗斯（Barbara Grosz）的话："我们已经知道如何复制人类智能：我们已经有孩子了。所以，让我们寻找能够增强人类智能的东西，能够让人类智能更好的东西。"

我们的年轻人将继续淹没在信息的海洋中，这些信息影响他们对人性、工作、政治、政府和自然的视角与看法。在人工智能和数据挖掘方面，学生需要知道如何正确提问以及如何搜索信息。他们需要意识到，为了让人工智能发挥作用，数据一直是从他们的声音、面部、按键、他们在谷歌地图上的位置以及他们访问的网站中收集的。他们将需要比他们之前的任何一代人更多地了解隐私以及谁拥有他们的数据——而且他们需要在年纪更小的时候就知道这一点。他们也应该能以未知的解决方案和没有先例可借鉴的方式解决新问题。如果他们没有立即找到解决方案，他们还需要学会如何不感到挫败。所有这些场景都需要提出许多问题并参与到许多讨论中。当失败真的发生时，我们可以指导他们练习提出有效的问题，以帮助他们确定新目标、重新设计或采用新方法，而不是重复相同的行动或行为并期待不同的结果。

卡马尔的研究着眼于人工智能的两个主要方面：如何构建为人类日常任务提供价值的系统，以及人类如何与这些人工智能系统互补。当我们从一个5岁男孩、一个6岁女孩和一台机器人开始我们的AI故事时，考虑这两个广泛的研究范畴是很有趣的。

第一章
人工智能是什么?

探寻人机交互

剧中人

莱拉(Leila):6 岁女孩

库博(Cub):5 岁男孩

场景

莱拉和库博与他们的父母和弟弟在参观一所中学的学习空间。

时间:2018 年 4 月

第一幕

场景 1

情境:学校不上课。大楼里一片寂静,没有了学生的喧闹、欢笑和惊呼。在一个以橙色和蓝色条纹地毯为标志的凹室中,散落的石灰绿椅子和枕头引导游客进入一个专门用于协作、安静阅读、媒体创作和通用创新的空间。一个只有90多厘米高的机器人站在角落里。

启幕:莱拉和库博进入凹室并发现了机器人。

图 1.1 孩子们盯着一个可能是眼睛或护目镜的东西。没有人眨眼——莱拉和库博都没有眨眼,同时来自机器人的两个塑料圆盘面无表情地凝视着,也没有眨眼。

莱拉：它为什么不讲话？

库博：它是一个好机器人还是坏机器人？

孩子们慢慢靠近机器人，继续检查它的电线、螺丝、手臂、墙上的插头和作为它的脚的轮子。他们想与机器人互动。他们想知道它是否友好。机器人会吓他们吗？或者会与他们握手吗？他们屏住呼吸。

两个孩子——几乎和机器人一样高——等待着某种互动，而机器人仍然死气沉沉。这个机器人是由中学生制作的，他们编程让它说几句话和做简单的手势，但机器人没有自己的思想。它也不是"智能的"。它不会接收任何感官信息。它没有在分析莱拉和库博，也没有处理大量数据来读取他们的反应、寻找模式或调整自己的行为以试图获得不同的结果。

另一方面孩子们一边研究面前的机器人，一边收集数据。库博尝试友好地碰拳头，希望能引起反应。

库博：为什么它什么都不做？

莱拉：也许是电池没电了。

当他们戳一戳、探一探，甚至尝试语音命令时，机器人似乎有轻微的动作和声音。莱拉向后一跳，蜷缩在附近的椅子下。她捂住脸，然后再次探出头来。

虽然还不确定机器人是否构成威胁，但这些孩子仍然着迷。他们再次接近它，重新检查它的螺丝和塑料线的组合。它为什么看起来像一个可以活过来的人？他们继续尝试引起它的注意，但机器人还是没有反应。他们在寻找一个原因。

莱拉：是螺丝的问题！少了一个螺丝！我可以安装上它！

两个孩子开始彻底调查，在该区域寻找丢失的螺丝。他们还没有意识到更有可能的解释：人类根本没有对机器人进行编程，使其能够按照他们希望的方式运行。

了解 AI

4

> 莱拉和库博假设让机器人与他们互动可能就像找到松动或丢失的螺丝一样简单。莱拉相信,如果她刚刚找到那块缺失的部分,机器人就会像人类一样做出反应。纵观人工智能的历史,致力于解决其重大问题的人们一直在寻找松动的螺丝——在机器中复制人类智能的关键。即使他们找到了它,他们也会意识到其挑战比最初预期的要复杂得多(Brooks, 2018)。迄今为止,人类的认知和智力仍然优于计算机的能力(Allen, 2011)。没有机器通过欺骗人们相信它是人类而成功通过图灵测试。

当他们的探寻没有任何结果时,莱拉和库博开始列出流行文化中的机器人,对哪些是"好"的机器人、哪些是"坏"的机器人进行分类。他们参考的例子,包括《机器人总动员》(Wall-E)、Eva 初号机(日本动漫作品《新世纪福音战士》系列中的角色)、C-3PO(《星球大战》中的礼仪机器人)和 R2-D2(电影《星球大战》系列中的一个虚构机器人角色),这些例子都描绘了表现出与人类相似的智慧和情感的机器人——或者至少唤起了我们的情感反应。通过探索他们已经了解的人工智能,孩子们正在寻找可能帮助他们预测机器人行为的模式。

场景 1 结束

反思 AI

- 莱拉和库博对这个机器人有什么期望?
- 是什么让他们感到沮丧,他们做了什么来减轻他们的沮丧?

- 他们有哪些先前知识？又是如何应用它的？
- 我们从媒体和电影中得到哪些关于 AI 的一些常见看法？这些如何影响孩子们的行为和困惑？
- 如果像莱拉和库博这样的小孩子现在期望看到与塑料机器人的智能互动，这个机器人只被编程做一些简单的事情，那么他们成为高中生时会期望看到什么？
- 他们是否会像前几代人一样恐惧与机器的互动，或者这些恐惧是否与年龄、文化影响（Nasir、Rosebery、Warren 和 Lee，2006）以及科幻小说或警示性反乌托邦故事所引发的恐惧、所灌输的偏见有关？

AI 是什么？不是什么？

在上面的场景中，莱拉和库博期望机器人以一种智能的方式与他们互动——就像流行文化和科幻小说向我们展示的机器人应该对人类做出反应的方式一样。但他们是在与机器人互动，而不是人工智能。

有一个普遍的误解，即人工智能和机器人技术是一样的。这可能源于科幻电影通常描绘了一个机器人形式的人工智能，或者一个看起来像人类但由不同于血肉和骨头的电线和材料构成的身体。尽管人工智能和机器人技术的发展可能齐头并进——罗德尼·布鲁克斯（Rodney Brooks，1991）在他的论文"无理性的智能"中指出，移动机器人技术有助于推进人工智能的发展——但它们是两种不同的技术。虽然将机器人的能力与人工智能混为一谈是很普遍的，但这种错误印象可能会导致混淆、恐惧或警告，即机器人变得足够聪明以至于取代我们的工作，并且机器人可以代替人类的互动。

许多人并没有意识到，并非所有的机器人都是由人工智能驱动的——虽然人工智能可以安置在机器人的外壳中，但它也可以以一种与任何生物不相似的形式存在。根据微软的"人工智能的初阶"课程（tiny.cc/a3y7vy）的介绍，AI是一种广义的概括性术语，指的是一种帮助人们更好地工作和做更多事情的工具（J. 齐默尔曼，个人通信，2018年5月9日）。事实上，你很有可能没有意识到你已经多次体验或使用过人工智能了。个人助理、聊天机器人、语言翻译、视频游戏、智能汽车和面部识别都是人工智能的例子。塔吉特（Target）和亚马逊（Amazon）等零售商的采购预测、银行诈骗检测、在线顾客支持、简单的体育统计和财务报告的新闻生成、安全监控、音乐和电影推荐服务如声田（Spotify）和网飞（Netflix），以及智能家居设备都使用了人工智能（Albright, 2016）。

本章和下一章将探讨 AI 这个广义概念范围内的各种技术，以及 AI 工作所必需的构成部分——如机器学习、感知和机器问题解决。

个人助理

个人助理，或者个人数字化助手，如 Siri（苹果语音助手）、谷歌即时（Google Now）、微软小娜[①]以及 Alexa（亚马逊语音助手）可以聆听你的声音，并能回答你所提出的 40% 到 80% 的问题。有些助理是移动设备、笔记本电脑或智能扬声器的内置功能。

随着这些应用程序的改进，同时伴随着新产品定期进入市场，它们的功能和用途正在迅速扩大。2017 年 5 月的一项在线民意调查发现，美国使用最广泛的个人助理包括苹果的 Siri（34%）、谷歌助理（19%）、亚马逊的 Alexa（6%）和微软小娜（4%）（Graham, 2017）。苹果和谷歌在智能手机上积累了大量用户群，微软也在 Windows 个人电脑、智能手机和智能音箱上积累了庞大的用户群。亚马逊的 Alexa 还拥有大量智能音箱用

[①] Cortana，由微软开发的智能个人助理，号称"全球首款跨平台智能个人助理"。——译者注

户群。

个人助理有可能显著影响学生在学校需要学习的技能。随着这些工具能够承担更多任务,今天学生正在学习的一些技能将变得过时。编写程序代码就是一个例子。

沃尔夫拉姆|阿尔法(Wolfram|Alpha)是运行 Siri 的计算知识引擎,旨在使所有系统的知识快速计算并可供所有人使用(m.wolframalpha.com)。为此,该公司开发了一种编程语言,它可以利用人工智能自动生成低级代码,让程序员在更高层次上进行操作。创始人斯蒂芬·沃尔夫拉姆(Stephen Wolfram)说:

> 我们使用 Wolfram 语言的一个宏大目标是尽可能地使编码过程自动化,以便人们可以专注于纯粹的计算思维。当使用 C++和 Java 等低级语言时,别无选择,只能参与到编码的详细机制中。但是使用 Wolfram 语言令人兴奋的是,它可以教授纯粹的高级计算思维,而不必被迫处理低级的编码机制。(Wolfram, 2017)

学生可以使用 Wolfram 编程实验室(wolfram.com/programming-lab)来实验这种高级编程语言并训练他们的计算思维技能。

尽管虚拟助手技术发展迅速,但它还是有一些局限性,例如无法应答、听错问题以及缺乏对英语以外的其他语言的支持(Dellinger, 2018)。可以理解的是,关于始终在监听的设备也存在一些争议,但这是帮助建立机器可以学习的数据存储库的另一面。关于披露用户是在与机器人还是与真人交谈,也可能存在一些道德问题。谷歌最近提供其助理功能 Duplex 的预览版时,该软件对自然语言的控制"非常熟练,以至于另一端的人根本不知道他或她正在与一台机器交谈"(Pachal, 2018)。

聊天机器人

聊天机器人试图通过文本聊天、语音命令或两者兼而有之来复制人类对话。机器学习与称为自然语言处理(natural language processing, NLP)的技术相结合,使其成为人工智能的一个要素。聊天机器人能够通过识别对话中的节奏、存储模式并提取它们来模仿人类的行为,从而模仿人类的对话。这是机器学习算法的一个例子。

语言翻译器

我们中的大多数人说话的速度比打字快。自然语言处理可以让计算机将你所说的内容翻译成文本,使语言翻译器能够做的不仅仅是将一种语言翻译成另一种语言。微软车库项目(Microsoft Garage,microsoft.com/en-us/garage)发布的新项目"指令"(Dictate,dictate.ms)就是一个例子。还有一个语言翻译器会在你说话时就实时翻译成字幕。该扩展程序使用最先进的语音识别和嵌入微软认知服务的 AI,包括必应(Bing)语音应用程序编程接口(API)和微软翻译器,将语音转换为文本,应用在微软的 Outlook、Word 和 PowerPoint 程序中。演示文稿翻译器是一个 PowerPoint 插件,可让你在演示文稿中添加实时字幕并翻译 PowerPoint 文档中的文本(Chansanchai,2017)。微软的语言翻译器项目现在提供云翻译和离线翻译,其语言包支持 44 种语言,包括阿拉伯语、简体中文、法语、德语、意大利语、日语、韩语、葡萄牙语、俄语、西班牙语和泰语等(Tung,2018)。

语言翻译器能够在帮助学生成为全球合作者方面发挥关键作用,使他们能够轻松地为国际观众翻译他们的内容。去年,来自日本的立法议员代表团访问了我们学校,我的学生使用自然语言处理来展示传统、文化、人工智能和创造过程的整合应用。他们使用由机器学习支持的 Sway 设计了受日本启发的艺术品,Sway 还记录了他们的创作过程并为我们的国际访客翻译他们的想法(tinyurl.com/y8euo5dd)。该项目允许学生探究人工智能如何支持传统和文化实践,如手工制作的艺术,使他们能够使用简洁的数字墨水练习并形成初步的概念。

面部识别

除了处理语音,技术也越来越擅长识别人脸。面部识别是指机器从数字图像中识别人的能力。通过将某些面部特征与图像数据库进行比较，该软件可以准确地指出或验证一个人的身份，它可用于安全系统，作为指纹或虹膜识别的替代方法（或是补充）。

有些研究人员担心面部识别软件的影响。随着中国使用人工智能和面部识别并通过发短信对乱穿马路的人进行罚款，有关警务维护治安的未来问题已经出现（Grothaus，2018）。深圳曾使用软件和摄像头将乱穿马路者的脸投射到十字路口附近的大屏幕上让所有人查看，警方现在可以向人工智能检测到的屡犯者发放罚单和罚款。这家软件公司甚至与社交媒体平台和当地的手机运营商合作，在乱穿马路者过马路时立即给他们发短信。

面部识别对课堂也有一些影响。中国一所高中学校已经开始使用该技术来监控和分析学生在课堂上的行为（Chan，2018）。该软件每隔30秒扫描一次学生的面部，对他们的面部表情以及阅读、写作或举手等动作进行分类。与此同时，纽约的工程师一直在研究类似的技术，以帮助教师评估这些技术对学生的影响（Alcorn，2018）。

尽管面部识别软件功能强大，但它仍然存在出错的可能性。例如，机器可能会错误地识别微笑，并将错误的动机归结到行为上——这反过来又会促使用户做出错误的假设或在行为上出现失误。与任何技术一样，面部识别也有其局限性、缺点和优点。

教授特征抽取

学生可以通过在游戏中亲自运行算法来了解面部识别是如何工作的。何书亚（Joshua Ho）博士是一名计算机科学家，他与澳大利亚联邦科学与工业研究组织（the Commonwealth Scientific and Industrial Research Organisation，CSIRO）的信息传播技术学校应用项目（ICT in Schools Program）合作，将计算机编程整合到数学和科学课程中，他建议开展一项活动来教授特征提取的概念，或将图像中的数据转换为一系列定量或定性的特征,它们可用于区分图像中不同的对象(Ho, 2018)。

课堂教学从讨论开始,讨论我们如何通过从图像中提取关键特征并将它们与我们所知道的进行匹配来识别人脸。然后给学生一系列图片——何书亚使用的是迪士尼公主图片——并让他们练习将图片分解为物理特征。公主有长头发吗?她的裙子是什么颜色的?她手里拿着东西吗?学生可以使用这些答案创建一个特征"数据库",然后他们可以用这个数据库与新图像进行比较,看看哪个是最佳匹配。有关详细说明,请阅读何书亚的关于课堂面部识别的文章(tinyurl.com/ycub4j9m)。

可访问性

人工智能可以帮助视障人士看到他们周围的世界。该技术使用计算机视觉、图像和语音识别、自然语言处理和机器学习,读取文本并回答问题,识别人们脸部的情绪,以及描述周围环境以支持视障用户与周围环境互动的能力。微软的认知服务工具(azure.microsoft.com/en-us/services/cognitive-services)和 Office Lens 提供了两个采用这项技术的功能,即看到人工智能(Seeing AI)和沉浸式阅读器(tinyurl.com/y9zgcr3m)。

自动驾驶汽车

自 2014 年谷歌收购 DeepMind 公司以来,自动驾驶汽车一直是新闻的头条,这提高了他们将算法从赛车视频游戏转化为真正的无人驾驶汽车的可能性。尽管谷歌的自动驾驶汽车自那时以来已经行驶了数十万英里,但这项技术要在实际中应用还有很长一段路要走。

自动驾驶汽车需要大量提前加载的数据才能运行。汽车需要能够将预先安装的地图与其传感器实时检测到的信息进行比较,并且交通信号灯的高度、障碍物的确切位置和建筑地图等详细信息必须在汽车的计算机中定期更新。由于创建和更新这些地图需要大量工作,因此自动驾驶汽车的使用仍然受到严格的限制。随着公司致力于开发足够高的智能技术以使能在没有预编程数据的情况下导航汽车,这种情况很可能会发生变化(McFarland,2015)。

AI 创新应用

创造性的追求正在激励 AI 开发人员建立更多的人性化的连接方式。利用喜剧演员、小说家、诗人和动画师的专业知识,他们正在努力为人工智能工具创造个性化特征。Adobe Stock 团队提供广泛使用的个人数字助理,它们并不仅仅是回答简单的问题;Adobe 工程师将机器学习称为生命的复活。

该团队还与艺术家进行了对话,以探讨他们在创作过程中如何使用 AI 工具。视觉搜索允许用户搜索与原始图像相似的图像,而自动编辑关键字则为图像生成关键字,因此艺术家就无需标记他们上传到云端的照片(Adobe,2017)。Adobe 的人工智能技术 Sensei 与 Photoshop 中的搜索功能相整合,艺术家们就可以通过输入关键字在云服务器中搜索他们的图像。

AI 可以帮助游戏开发者更快地创建新的视频游戏内容。诸如《毁灭战士》系列游戏允许玩家创建自己的关卡来玩,它积累了大量的在线数据,程序员可以利用这些数据来训练算法以自动生成新关卡,从而为视频游戏创作者节省了手动创建内容的费用("Emerging Technology from the arXiv",2018)。意大利米兰理工大学的计算机科学家设计了一个 AI 程序,可以承担设计不同级别的视频游戏挑战的大部分艰巨任务,因此设计师和游戏玩家能够专注于他们最激动人心的游戏部分(Robitzski,2018)。

AI 以及它对人类意味着什么

现在人工智能能够模拟人类思维、人类学习和人类言语的某些方面,机器能够承担越来越多过去需要人类智能才能完成的任务。这对我们的未来意味着什么?

斯蒂芬·雷德(Stephen Reid),沉浸式思维公司(Immersive Minds)的总监,他就人类利用技术为我们工作的驱动力提出了一些有趣的问题。他说:

"机器人"(robot)这个词直接来自捷克语中的"奴隶"(slave)一词,这一事实一直让我着迷。如果不使用"奴隶"做我们不能或不再想做的任何事情,作为人类的我们就无法生存和发展,这一想法也使我着迷。从犁地的马匹,到从非洲和其他国家用船运来的人口,再到监控摄像头、交通信号灯(在南非就叫机器人)以及现在的人工智能。甚至思考和学习的过程也正在变成一个"奴隶"的过程。问题是:当我们自己无所事事的时候将会发生什么?在与人工智能的竞赛中,我们寻求要实现什么目标?是什么让我们认为我们如此优越,以至于奴隶或机器人和人工智能听从我们的命令?

当我明天乘飞机回家降落机场时,一台"机器人"会检查我的护照。我将通过回答机器的"是"或"否"进入这个国家。一台编码机器,它不过就是一台机器。如果机器有人工智能,并且可以做出主观和客观的决定,能保证我进入我的祖国吗?

当然,这一切听上去都是负面的,而且很符合 AI 反对者的说法。事实上我很喜欢有关人工智能的辩论。但这些观点非常值得考虑。(斯蒂芬·雷德,个人通信,2018 年 5 月 1 日)

艺术家在考虑即将到来的人工智能时代时也有一些问题需要他们努力解决。他们对机器人形式的人工智能的想象引发了许多恐惧——

智能机器接管，人类受技术奴役，甚至随着机器越来越擅长模仿，人们越来越失去人性。2008年皮克斯的动画电影《机器人总动员》展示了一个警示故事，即如果我们让机器开始取代太多使我们成为人类的东西，从而影响人际关系和环境，那将会发生什么。在整部电影中，机器人瓦力（WALL-E）和伊芙（EVE）越来越多地展示出人类的特征，如怜悯、同理心和牺牲，而电影中的人类则呈现出更多的机器人的特质。《机器人总动员》中的机器人角色通过举例说明我们与人类相关的行为，颠覆了我们对机器人的期望。

引发课堂讨论的动漫电影

1927年具有历史意义的科幻电影《大都会》(Metropolis)让人们对有那些看起来像人类的机器的未来感到好奇。从那时起，人类对像人类一样的机器人的印象是如何改变的，或者一直保持不变？

你可以与学生一起观看以下动画电影，以便发起关于AI的课堂讨论。使用所给的这些活动和资源来适应不同班级和年级的学习。

《超能陆战队》

《超能陆战队》这部电影可以探讨设计思维、STEM学习以及失败和迭代的过程。它为协作、指导以及指导和教育如何为学生留下遗产提供了优质的视觉效果。教师可以利用这部电影来发起关于道德的讨论，因为学生可以探究电影中呈现的工具和创新如何被用于产生积极的影响，或以破坏的方式。

活动和资源

你是否知道，以《超能陆战队》中的机器人角色大白为代表的用于评估医疗保健解决方案的智能程序的概念实际上已在英国利物浦的奥德黑儿童医院和全国其他医院实现？这部电影可能会鼓励我们思考：如何将人和计算机连接起来，从而使它们总体上比任何一个人、一个群体或计算机都更聪明？

讨论人工智能在医疗保健领域应用的可能性。观看有关在奥德黑儿童医院（youtu.be/mtYsbtTCVtY）使用认知计算增强患者护理的视频。小提琴和小提琴家的类比与人类和计算机的类比有何相似之处？了解有关 IBM 沃森（ibm.com/watson）的更多信息。

讨论电影中出现的试验和失败。通过观看和讨论儿童速成课程的视频"败中求胜"（Succeed by Failing, youtu.be/TcUX6eNT2j4），探讨通过失败尝试学习的过程。

创造性的约束如一些要求和限制等是设计过程的必要组成部分，它们可以将我们推向创新的新高度。通过观看这个 TED-Ed 演讲（youtu.be/v5FL9VTBZzQ），可以帮助学生了解创造性约束在推动发现和发明方面的作用。在 TED-Ed 网站（tiny.cc/gmiewy）的 Think、Dig Deeper 和 Discuss 部分查找更多的课程支持。

《机器人总动员》

电影《机器人总动员》描述了垃圾装捡机器人在人类变得被动和自满的反乌托邦环境中的经历，在这种环境中，人们允许机器接管需要努力工作的生活方面。在这部引人入胜且感人至深的电影中，人类没有保持他们自身的健康或他们星球的健康。机器人瓦力遇到了一种不同类型的机器人伊芙，它们都是通过情感学习和成长的动态角色。它们用关怀和忠诚来帮助更像机器人的人类角色摆脱明显的麻痹状态。

活动和资源

人类通过讲故事来推断大量信息，这提高了我们通过上下文理解事物的能力。使用《机器人总动员》中的无声电影片段来练习培养推理技能，并讨论这与机器所能做的有什么不同。让学生指出这些无声电影片段中让他们得出结论的证据。为协助推进这个过程，请使用可视化思维策略或获取讲故事的支持（storycenter.org/education）。给学生一个挑战，让他们通过创作自己的无声电影来表达故事和人类情感。这些作品也可以提交给国际青年无声电影节（International Youth Silent Film Festival, makesilentfilm.com）。通过盒子里的皮克斯教学视频（Pixar in a Box, khanacademy.org/partner-content/pixar）——一门可汗学院课程，探索 STEM 和讲故事之间的相互作用，这门课程让学生了解皮克斯艺术家如何利用数学和科学来讲述故事的幕后故事。

《机器人总动员》可以作为一场辩论的跳板，学生们在辩论中就机器人和人工智能之间的区别阐述自己的立场，辩论电影中的机器人是否具有人工智能，或者非语言讲故事与文字讲故事的区别。《机器人总动员》提供了一个机会来讨论是什么让我们成为独特的人类并且不同于机器。请注意，在电影中的几个地方可以说机器人比周围的人类表现出更多的智慧和人类情感。这部电影还以反乌托邦为特色，警告人们人工智能通过名为 AUTO 的敌对机器人进行控制，其灵感来自 2001 年的经典电影《太空漫游》（A Space Odyssey）中的人工智能角色。为了帮助学生了解辩论技巧以及如何根据电影发起辩论，请观看速成课程"如何辩论——归纳与归因"（How to Argue-Induction & Abduction, youtu.be/-wrCpLJ1XAw）。

> 让学生寻找在《机器人总动员》中看到的技术进步,包括自然语言处理等 AI 特征。有关不同技术类型的示例,请在此处查找与该电影相关的 AI 信息:tiny.cc/fqiewy。
>
> 《机器人总动员》可以激发环境研究或人工智能如何支持健康生活方式的研究。观看适合大孩子(youtu.be/5eTCZ9L834s)和小孩子(youtu.be/SzcGTd8qWTg)的速成课程——环境方面的视频。
>
> 使用《机器人总动员》可以激发利用科学、技术、工程、艺术和数学的多学科项目研究。观看 13 岁的伦顿基督学校的学生丹妮拉(Daniella)的《机器人总动员》项目(youtu.be/klmiGYhLwoQ),其灵感来自回收艺术以及对简单机器和工程过程的研究。

14　AI 历史

对智能机器的研究可以追溯到比刚接触人工智能的人所意识到的更早的时候。为了帮助新一代理解长期的人工智能项目是什么,麻省理工学院松下机器人学(名誉)教授罗德尼·布鲁克斯(Rodney Brooks)写了一篇博客文章,更新了他 1991 年写的关于人工智能历史的论文,因为"对许多人来说,一切似乎都是如此闪光、令人兴奋和新奇"。所有这些,他补充说,"只是令人兴奋"(Brooks,2018)。

计算机科学家艾伦·图灵(Alan Turing)早在 1948 年就开始为 AI 奠定了基础。图灵以开发图灵测试而闻名,他在"计算机与智能"(Turing,1950)中介绍了该测试,以评估 AI 模仿人类行为的能力。使用 1950 年版本的即时通讯，人类可以与一台计算机对话，而第三方试图确定哪位对话者是这台机器。图灵希望到 2000 年，一台内存为 128 MB 的计算机（他将其表示为二进制数字）将有 70% 的机会骗过一个人（Brooks，2018）。

艾伦·图灵

> 观看关于艾伦·图灵的速成课程视频：tiny.cc/qyzywy。
>
> 考虑向你的高年级学生介绍 2014 年的电影《模仿游戏》(The Imitation Game)。讨论历史准确性、道德、社会正义和平等，同时考虑设计思维和解决现实世界的问题。
>
> 将此内容与调查全球目标（globalgoals.org）联系起来，以及艾伦·图灵时代的哪些目标仍需要努力才能在 2030 年之前产生影响。

1955 年，一个研究团队由于首先使用了"人工智能"一词而功不可没。他们在达特茅斯大学的倡议中（McCarthy 等，1955 年），为试图"找到如何让机器使用语言，形成抽象概念和思想，解决现在留给人类的各种问题，并改进它们自己"提出了充足的理由。到 20 世纪 60 年代中期，人工智能研究得到了美国国防部的大力资助，人工智能的研究开始在全球范围内传播。随着人们继续寻找要解决的正确问题，这将使他们更接近于回答创造人工智能所需的问题，一些子学科开始形成，这就将人工智能研究分散成了研究许多方向，以至于人们无法完全跟得上其发展的宽度。这些子学科包括：

- 规划学
- 机器推理
- 问题解决
- 统计机器学习（statistical machine learning）

- 知识表征
- 机器人
- 自然语言处理
- 移动机器人
- 搜索
- 模拟定位和映射
- 玩游戏
- 计算机视觉（computer vision）
- 专家系统
- 图像理解
- 神经网络

但人工智能的繁荣并没有持续多久。在 20 世纪 70 年代初期，复制人类智能所涉及的挑战的复杂性变得越来越明显，到 1974 年，美国和英国政府都结束了他们的人工智能探索性研究，这就迎来了所谓的人工智能的寒冬。人工智能研究人员一直在努力为他们的项目寻找资金，直到 20 世纪 80 年初，人工智能的进步再次突飞猛进，到 1985 年其市场规模达到了 10 亿美元以上。但 1987 年迎来了人工智能的又一个寒冬。然而，随着 20 世纪 90 年代末和 21 世纪初计算能力的提高，人工智能开始在数据挖掘和医学诊断等领域展示出前景，这就激发了人们对使用人工智能解决特定问题的兴趣。

随着研究人员发现了一些利用人工智能的新方法，该技术开始进入商业领域。到 2017 年，一项调查显示，五分之一的公司在以某种方式使用着人工智能，近 85％的公司认为人工智能将帮助他们维持或获得优于竞争对手的优势（Ransbotham，Kiron，Gerbert 和 Reeves，2017）。

在自己的游戏中击败人类

IBM 定期在公开挑战中进行"人与机器"的较量，目的是把工作者吸引到 STEM 领域中（Best，2013）。1997 年 5 月 11 日，第一台能下棋并战胜世界象棋冠军的计算机是深蓝（Deep Blue）。这场广为人知的活动以每秒可以分析2亿个棋步的IBM超级计算机和世界象棋冠军加里·卡斯帕罗夫（Garry Kasparov）之间的六场国际象棋比赛为特色。在youtu.be/NJarxpYyoFI上可以观看有关比赛的简短纪录片。

下一个挑战是在2011年，当机器在游戏节目《危险边缘》（Jeopardy）中击败两位冠军时，公众见识了IBM沃森。从那时起，沃森已扩展到医疗保健和其他行业。

2016年，AlphaGo是第一个使用机器学习击败世界围棋冠军的计算机程序。该程序由谷歌的DeepMind开发，自比赛以来通过与自己进行数百万场比赛而持续改进。根据西方世界排名最高的围棋选手的说法，"人类已经积累的知识可能在棋盘的两侧和角落更有用。AlphaGo很少有这种偏见，因此它可以在中间做出令人印象深刻的动作，这对我们人类来说更难以掌握"（Chawn, 2017）。

使用Sway

> 使用来自实时科学（Live Science，一个科学新闻网站）的一张关于AI历史的可视化信息图（tiny.cc/o9iewy），与你的学生开始讨论他们所听到的有关AI的信息，以及对他们来说有什么新的东西。让学生分组探究他们以前没有听说过的主题，并使用多媒体或演示工具创建一个项目。推荐使用的一个工具是Sway（sway.com）。
>
> Sway是一款基于机器学习算法的免费工具，可自动创建视觉上能吸引人的设计，让学生可以专注于创建内容。学生可以同时在他们的移动设备、笔记本电脑或台式电脑上使用Sway共同创作内容。机器学习功能允许学生搜索获得知识共享许可（Creatvie Common）的内容，因此无需担心版权问题。建议基于文本进行图像搜索，并且可以从其他来源中嵌入媒体。
>
> 在此处学习Sway入门课程：education.microsoft.com/gettrained/introduction-to-sway。

> 查看基于体验式学习的协作课堂 Sway 案例：sway.com/bIb8UB34iPfAcJFV。

当前的 AI 季节：如何使用 AI

该领域的人们认为"人工智能季节是成长、兴奋和接受先进人工智能的时期"。然而，有时，对人工智能的炒作和过度承诺已经超过了技术承受的能力，这就导致了人工智能的寒冬。在这些枯竭时期，随着普通民众对人工智能失去兴趣，资金减少或根本没有资金，人们看到这项技术成为现实的希望越来越渺茫。随着时间的流逝和新技术的进步，兴奋和承诺的循环再次开始，又迎来了该领域的成长和进步。那些从未经历过 AI 寒冬前的那段时间的人通常认为 AI 是崭新的和革命性的东西，没有意识到 AI 季节自 20 世纪 50 年代以来一直在发生。也许吃惊的是人们长期以来一直在应对人工智能的挑战，而且每一波兴奋都导致了对不久的将来的相似预测。但是，我们对人类智能和学习的复杂性发现得越多，我们就越能意识到 AI 的新的探索和研究方向。

在当前的 AI 季节，高度协作的团队正在研究跨多个先进领域的解决方案。人工智能的发展目前正发生在教育、计算机科学、医学诊断、商业和金融、航空、国防、工业、媒体、电信和游戏等领域。

AI 与医学领域跨学科团队

奈尔·威尔逊（Nile Wilson）想帮助患有神经系统损伤的人重新获得独立。她是华盛顿大学的研究生，并作为研究员在此完成了生物工程博士学位,成为感觉运动神经工程中心的一个成员。她的目标是提高技术的质量和可及性,使人们能够增强独立性,并能更有信心自己完成日常任务,减少对护理人员的依赖(奈尔·威尔逊,个人通信,2018年5月2日)。

威尔逊使用一种被称为脑机接口(brain-computer interface,BCI)的技术。BCI"获取大脑的信号,对其进行分析,并将其转换为命令,这些命令被中继到执行所需动作的输出设备"(Shih, Krusienski 和 Wolpawc, 2012)。该技术旨在帮助因创伤性脑损伤、中风和脊髓损伤等疾病而遭受神经系统损伤的人们从中受益。研究人员在朝着这个目标努力的过程中,与人体进行了大量的交互。一个主要的障碍是在BCI使用期间对特定脑电波模式检测的可靠性。虽然该领域已经识别出特征波形,但每个人的脑电波都是不一样的,有时文献中定义的那些信号很难找到。为了解决这个问题并允许更多个性化的BCI适合个体用户,威尔逊的团队希望在BCI使用期间应用AI来帮助识别特定的脑电波模式(奈尔·威尔逊,个人通信,2018年5月4日)。

随着神经科学领域的持续发展,受神经科学启发的人工智能可能会极大地影响人工智能的进步。改进BCI技术需要一个广泛的跨学科团队的密切合作,这其中包括护理人员、临床医生、康复专业人员、材料科学专家、神经伦理学哲学家、社会影响专家、计算机科学家和使用最终产品的个人。人工智能是解决方案的一部分,具有跨领域知识迁移能力的人类智能也是如此(Bransford 和 Schwartz, 1999)。将学习从一种环境或情境迁移到另一种环境或情境,无论我们是否意识到它正在发生,它都可能正在发生。对于人类来说,知识迁移是学习的一个自然的、直觉的部分。但要机器在不同情境中迁移学习或将学习应用于新情景中却并非易事。

IBM 沃森

自从著名的《危险边缘》取得胜利,IBM 沃森一直忙于帮助诊断医疗状况,为医疗专业人员提供反馈,并作为教育工作者教授数学的智能助手。IBM沃森的教师顾问(teacheradvisor.org/landing)由AI提供支持,可帮助指导教育工作者审查内容(Crozier,2017)。

　　IBM沃森还与芝麻街工作室(sesameworkshop.org)合作,其目标是使用AI支持英语学习者与刚学习阅读的学生的早期识字和词汇发展(Harris,2017)。该计划允许孩子们以他们自己的步调进行,并在他们做好准备时,学习新单词,而不是像班上的每个人一样被安排在同一时间学习。该结果表明学生对在游戏化环境中学习新的、大量的单词有极大的热情。我们从研究中得知,早期词汇发展可以为学业成功奠定坚实的基础。

教师顾问

> 　　对于刚开始使用技术的教育工作者——或者那些已经使用了很长时间并正在寻找可按标准搜索的高质量数学材料的教育工作者——教师顾问(teacheradvisor.org/landing)是一个很好的起点。其免费的备课工具目前支持K-8数学的教学。
>
> 　　听教育工作者谈论如何使用具有广泛技能和能力水平的教师顾问:youtu.be/Kzp3YuC_Dr8。

19 米娅学习

　　米娅学习(MIA Learning;mialearning.com)的语音聊天机器人支持中小学生的自主阅读。神秘的代理者米娅让学生参与她"结束无聊"的任务。她帮助学生决定他们想从阅读中得到什么,指导他们选择与其兴趣和能力相匹配的书籍,并指导他们如何决定在哪里、何时以及与谁一起阅读。在与学生的交谈中,她提供个性化的书籍推荐和指导,同时收集深刻的见解,帮助教育工作者和家长找到让孩子参与阅读的新方法。她致力于增加学生和教育工作者的主动性与自主性。

米娅的方法得到了大量实验研究的支持,这些研究表明,提高学生的阅读动机和阅读量如何对他们阅读能力的发展产生强烈的因果影响。米娅对读者和阅读的了解来自一个由顶级读写能力研究人员、课堂教师、图书馆员、社区识字领袖和儿童剧作家组成的工作组,他们将角色和故事变为现实(D. 坎布里奇,个人通信,2018 年)。

随着 STEM 专业人士继续寻找能够解锁真正人工智能的"松动螺丝"(loose screw)——随着各行各业继续使用人工智能来增强人类绩效——我们有希望看到该领域更大的进步。与此同时,现有的人工智能技术也在不断地收集新数据,从中学习,并不断改进自己。虽然未来智能机器人以库博和莱拉等孩子所期望的方式进行交互仍然是一个遥远的梦想,但变为现实的希望正在不断更新。

反思 AI

- 如果人工智能逐渐成为我们日常生活的一部分(Lin, 2015),这将如何影响到 2030 年毕业的孩子们的职业和高等教育(Holzapfel, 2018)?阅读更多关于技术如何为 2030 届学生赋能的信息(tinyurl.com/y7ghgsql)以及学生需要具备哪些技能才能为生活做好准备(tinyurl.com/y9db53mc)。

- 人工智能如何无意中放大了教育和其他行业的偏见,这将如何影响你的学生的未来?

- 如果不了解教育工作者每天面临的挑战,也不了解目前社会中存在的人工智能,偏见可能会溜进来并导致意想不到的结果。你需要警惕什么来帮助最大程度地减少偏见?

- 计算机目前可以像人类一样思考和行动吗?如果不能,机器如何在增强人类能力的同时在文化传统和现代创新之间保持平衡?

> 下一章将开始讨论这些问题,同时会给你一个机会看看世界各地的其他教育工作者是如何思考人工智能的。在阅读本书时,请使用自己的先前知识和背景来考虑人类在尝试解决问题或完成一个任务时是如何思考、做出决策、工作和学习的。

第二章 为学生的未来做准备

与专家对话

剧中人

贾里德·齐默尔曼(Jared Zimmerman)：
谷歌的设计负责人

米歇尔·齐默尔曼(Michelle Zimmerman)：
作家和教育家

场景
贾里德正在与作者就人工智能及他将如何向教育工作者描述人工智能进行对话。

时间：2018年5月

第一幕

场景 2

情境：在互联网上通过对话连接夏威夷和华盛顿。

启幕：贾里德在夏威夷用手机通过脸书聊天软件（Facebook Messenger）与在华盛顿的作者聊天，作者也在通过苹果手机进行交流。两个人聊天都用到了预测模型，即一种机器学习形式，实现键盘自动完成和深度学习功能。机器学习协助在智能手机上的键入，促进了非面对面的交流。

米歇尔：你认为教育工作者应该了解人工智能的哪些内容？

贾里德：和其他工具一样，人工智能是一种工具。它不是你撒在东西上的魔法粉末。目前，它只能完成孩子会做的任务，但速度更快，而且是并行的。基本上，它是让成千上万个六岁的孩子一遍又一遍地做某件事，是非常专业的六岁孩子。这就好像你只能训练每个六岁的孩子做一件事。

计算机程序 AlphaGo（Chan，2017）可以在围棋比赛中击败世界上任何人类，但它不能玩井字游戏。

人工通用智能（artificial general intelligence，AGI）或"通用人工智能"还不是真正的东西。它只意味着人工智能可以无需训练就能应对一个新情况。

在这一点上，我们有算法和机器学习。

AI 是一个包罗万象的总括术语。

场景 2 结束

今天的学生将与人工智能一起生活和工作。为了在未来的工作中取得成功——无论他们选择哪个领域——他们需要学习如何最大化人工智能的能力并超越其局限性。随着孩子们从将人工智能的概念视为智能机器人，发展到理解机器如何复制人类智能的各个方面，他们在自己的生活中有效使用这些工具的能力也在不断提高。

人工智能发展得如此迅速，以致于很难预测它对学生未来就业的影响。有些人担心人工智能会抢走我们所有的工作。另一些人则认为，人工智能将创造比它所取代的更多的就业机会，从而为今天的学生提供无法想象的新机会。无论哪种情况，随着人工智能继续承担更多过去需要人工完成的任务，学生们将需要在一个不断变化的就业市场中找到正确的方向。在这个市场中，今天有价值的人才可能在明天就变成自动化的。汤姆·范德·阿尔克（Tom Vander Ark）在他的著作《变得更聪明》中的一篇题为"走在机器人前面：毕业生应该知道和能够做什么"的文章中（tiny.cc/37j4wy），分享了最近一份皮尤报告（Pew Report）中关于未来工作的发现：

机器正在吞噬人类的工作天赋。而且机器不仅仅是做重复性和低技能的工作。近年来，自动化、机器人科学、算法和人工智能已经表明，它们的工作能力与人类相当，有时甚至比人类更好，比如皮肤科医生、保险理赔员、律师、油田地震测试员、体育记者和财经记者、导弹驱逐舰上的船员、招聘经理、心理测试人员、零售销售人员和边境巡逻人员。此外，人们越来越担心，即将到来的技术发展将挤掉数百万人的工作，包括驾驶汽车和卡车、医学测试和数据分析、中层管理工作、药品调配、股票交易和市场评估、战场作战、履行政府职能等，甚至会取代软件编程人员——也就是算法的创造者的工作。（Vander Ark, 2017）

未来就业环境即将发生的变化要求教育工作者重新审视学习的成果。范德·阿尔克紧接着回顾了表2.1所示的学习成果框架，包括来自美国"下一代学习挑战"的20项"我的方法"能力（myways.nextgenlearning.org），托尼·瓦格纳（Tony Wagner）提出的7项生存所需的技能（tony-wagner.com/7-survival-skills），美国休利特基金会的深度学习目标（hewlett.org/strategy/deeper-learning），美国学术、社会和情感学习合作组织（casel.org）和世界经济论坛发布的2020年职场必要的

10大技能(tiny.cc/o6j4wy)。

表2.1 支持学生未来职业所需的学习成果

"下一代学习挑战""我的方法"	托尼·瓦格纳	深度学习	美国学术、社会和情感学习合作组织	世界经济论坛(2020年)
批判性思维与问题解决能力	批判性思维与问题解决能力	学习如何批判性思考和解决问题		复杂问题解决能力,批判性思维
创造力和企业家精神	好奇心和想象力	创造力		创造力
发展人际关系	跨网络协作能力,影响力引领	协作工作能力	社会意识	人员管理,协调能力
社交技能和责任心			人际关系技能	情绪智能
确定学习进程中的每一步骤	评估和分析信息		决策力	判断力,决策力
积极的心态	主动性和企业家精神	发展学术思维能力	自我意识	服务导向
学术行为	敏捷性和适应性			协商能力,认知灵活性
沟通与协作	口头与书面沟通能力	有效沟通能力		
自我引导和毅力,学习策略		指导自己的学习	自我管理	
内容和全面知识		掌握严谨的学术内容		
信息、媒体和技术,职业技术和实践技能				

来源:Vander Ark, 2017(tiny.cc/37j4wy)。

请注意表2.1中对"人类"技能方面的重叠和强调,如创造力、人际交往能力和自我意识。根据范德·阿尔克的说法,"作为一种可以根据数据集里观察到的模式进行学习和行动的编码，人工智能的崛起正在推动一种新的价值转变。这种新的价值转变关注人类经验中更内在的想法：思维、创造力和问题解决"（Vander Ark, 2017）。

了解 AI

> 阅读皮尤研究中心的报告"就业和就业培训的未来"：tinyurl.com/y94ygdxg。
>
> 阅读由皮尤研究中心和伊隆想象互联网中心的专家们编制的关于2026年就业和就业培训的预测：tiny.cc/3nk4wy。

人工智能可以执行许多过去仅仅属于人类领域的任务，但它不能完成所有任务。当教育工作者准备让学生们与这一强大的工具并肩工作时，一定要认识到，未来需要的工作技能是那些人工智能无法做到的技能。既然机器能够学习，那么学生想要与人工智能有效合作，就需要养成不断学习、成长和跨越多个领域建立联系的习惯。

比较人类学习与 AI

机器同孩子一样，是通过重复来学习的。如果你教过一个六岁孩子的班级，贾里德在本章开头场景中的类比可能会让你发笑，或者让你想起小孩子就是这样不停地重复同样的任务或行为。如果你自己有一个六岁的孩子，你可能会记得你们一起反复听同一首歌，读同一本书一百次，或是看同一部电影直到你们都记住了整个对话。

在这种重复中，学习就发生了。2011年发表在《心理学前沿》

(Frontiers in Psychology)杂志上的一项关于故事书重复的研究表明，"反复听相同故事的儿童，记忆单词的能力明显高于随机水平"。该研究得出的结论与最近的研究一致，重读相同的图画书和重看相同的电视节目有助于学习(Horst，Parsons 和 Bryan，2011)。可能正是在这种具体的重复中，学习通过识别模式、发现联系、发展推理以及通过讲故事与人类情感联系起来而持续发生(Tokuhama-Espinosa，2011；Medina，2008)。

尽管谷歌的设计主管贾里德·齐默尔曼不是一位教育家，但他在场景 2 中的类比表明，机器学习所做的和一个孩子学习所做的是一样的。但重复是人类和机器学习之间的相似之处。人类的记忆通过感官获取信息，然后存储并检索该信息。机器学习从各种输入获取数据，这些输入可以包括文本、图像、声音和触感。而对于人类来说，信息的接收方式——以及哪些感官参与其中——会影响信息的处理和记忆的方式(Baddeley，1990，p. 9；Medina，2008；Kopell 和 Greenberg，2008；Tsukiura 和 Cabeza，2008；Groenwegen，2007)。因此，学习的某些方面仍然被认为是人类独有的，而机器还不能做到，例如将学习从一种环境迁移到另一种环境，或者通过讲故事来学习。

通过讲故事交流

欧文·苏斯金德(Owen Suskind)被诊断出患有退化型自闭症，他不能像正常孩子一样说话。直到他和他的家人发现了一种独特的交流方式——沉浸在迪士尼动画电影的世界里。

观看视频并分享：讲故事法是如何通过寻找和重复迪士尼电影中的一个场景的方式帮助欧文交流的(tiny. cc/8yk4wy)。你的学生也可以观赏以欧文的故事改编的纪录片《动画人生》(Life Animated)。电影和课程指南可在该网址获得：lifeaimateddoc. com。

与学生讨论欧文和他的家人是如何通过讲故事法与重复学习交流的。把这种交流方式与AlphaGo的学习方式进行比

> 较,正如《大西洋月刊》中题为"人工智能没有什么可向人类学习的"的文章所描述的,"一般来说,人类学习围棋的方式是我们有一个故事"(Chan, 2017)。请在 tinyurl.com/y9puanus 上阅读该篇文章。

情感在人类学习中起着重要作用。例如,以从绪论到第一章的库博和莱拉的故事为例:基于他们之前的经验和知识,孩子们将他们学到的知识应用到一个新的情境中,并试图找到一个解决方案,来实现他们与机器人互动时未实现的目标。对年幼的孩子们来说,探索是必要的,甚至可以唤起快乐的感觉。如果先天的心理需求得到满足,积极或消极的情绪可以促进或阻止在任务变得困难时坚持下去的真实动机(Ryan 和 Deci, 2000)。机器可以在不受情绪影响的情况下继续收集数据,但它也缺乏促使儿童探索和学习的好奇心。

约翰·梅迪纳(John Medina)是一位发育分子生物学家和研究顾问。作为华盛顿大学医学院生物工程的兼职教授和《纽约时报》畅销书《大脑规则》(*Brain Rules*; brainrules.net)的作者,他解释了好奇心是如何驱动学习的:

大多数发展心理学家认为,儿童的求知欲既像钻石一样纯洁,又像巧克力一样让人分心。尽管在认知神经科学中对好奇心的定义还没有达成一致,但我非常同意。我坚信,如果允许孩子们保持好奇心,他们将继续利用他们的自然天性去发现和探索,直到 101 岁。我的母亲似乎本能地知道这一点。

对小孩子来说,发现可以带来快乐。探索就像一种上瘾的药物,创造了更多发现的需求,这样他们才能体验到更多的快乐。这是一个直接的奖励系统,如果允许它蓬勃发展,它将持续到学龄期。随着孩子们年龄的增长,他们发现学习不仅给他们带来快乐,还让他们更精通。特定学科的专业知识培养了承担智力风险的信心。如果这些孩子最后不进急诊室的话,他们很可能会获得诺贝尔奖。(Medina,2008)

在youtu.be/cdjWAklxNMo上观看梅迪纳博士关于"心智理论"(theory of mind)的内容。

除了利用先前的知识和体验乐趣,同时发现更多关于机器人的信息,莱拉和库博还在交谈中使用手和语言来建立进一步的理解(Vygotsky,1987),因为他们获得了感官信息(Baddeley,1990)。维果茨基(Vygotsky,1987)的基本观点是,人类学习是一个复杂的过程。在这个过程中,社会情境和多种感官模态都参与其中并相互作用。他谈道,"感知、言语和行动的统一,最终产生了对可视领域(visual field)的内化"(p.26)。胡克、维果茨基、杰明、奈特和德·埃斯波西托(Hooker,Verosky,Gemine,Knight和D'Esposito,2010)也发现了大脑前额叶皮层的作用,因为它与来自社会互动的刺激有关。在社会中介学习中,重要的是学会从另一个人的角度审视一种情况,同时"考虑到另一个人基于可能与自己不同的信仰、目标和意图对一种情况做出的行为和反应"。这一过程被称为心灵内化或"心智理论"(p.101)。认知同理心(cognitive empathy)是一种人类情感,"包括心灵内化技能,如换位思考"(p.100)。讲故事——看或听故事——有助于建立人类的换位思考和同理心。机器到目前为止还没有这种能力。

儿童在学习的过程中吸收了大量的感官信息,他们的大脑在此过程中建立并强化了路径(Kopell和Greenberg,2008;Turgeon,2012)。社会环境为大脑提供了重要的输入,因为他们从环境中的外部来源接收到的感觉信息在大脑中的相关联区域被处理,并到达一个被称为基底神经节的区域。该区域对感觉信息产生运动反应(Kopell和Greenberg,2008)。当莱拉和库博探索与机器人互动的可能性时,他们正在进行维果茨基所说的社会文化学习。两个孩子通过说话相互交流,用手(运动反应)来测试他们的想法。他们从各种来源获得的信息帮助他们提出了一系列问题,并将他们以前的经历和从故事与电影(主要是科幻小说)中获得的信息联系起来。

保罗·艾伦(Paul Allen, 2011)指出,人类从婴儿到成人的学习方式与机器不同。一方面,他们获得了关于世界的一般知识,然后在经历不同的环境时对这些知识进行完善和补充,就像我们看到的莱拉和库博所做的那样。另一方面,机器要想在广泛的环境和新奇的情境中表现出与人类相同的智能,而不是在某一特定领域或学界达到专业深度,还有很长的路要走。

案例研究

> 人工智能革命与另一项重大科学发展同时发生:公民科学(citizen science)的出现。随着科学家们不断突破人工智能的极限,他们越来越多地招募普通公民来帮助观察、记录和处理大量信息。通过先进技术与人类聪明才智的结合,他们正在创造一些新发现,这在以前是不可能的。
>
> 精英教育项目(PICK Education, pickedu.com)采用一种挑战传统教学模式的教育理念,通过公民科学发挥人类学习的社会方面。该项目的主要目的是建立一种分析学习环境中的数据的方法,这种学习环境影响当今世界各地都面临的挑战。在该项目中,教师和学生都扮演着研究科学家的角色,为现实世界的科学探究和调查做出贡献。参与这些合作的每个人——学生和专业人士——都从这种方法中受益。埃克托县 ISD 课程和教学副主管、教育博士罗伯特·托内尔(Robert Thornell)在一份个人通信(2008 年 5 月 12 号)中写道,两名学生获得了南卫理公会大学的四年全额奖学金,并继续进行生物医学研究。学生们和大学都注意到,青少年在精英教育项目中的经历为他们提供了学习机会,使他们远远领先于同龄人。

图 2.1 精英教育项目,比如这个由得克萨斯州埃克托县的杰森·奥斯本(Jason Osborne)开发的项目,向学生介绍公民科学。照片来源:加布里埃拉·格拉纳多(Gabriela Granado)。

得克萨斯州埃克托县 ISD 的首席创新官杰森·奥斯本正在与 K-12 科学协调员阿什利·布莱恩特(Ashley Bryant)合作开发和实施精英教育项目。奥斯本是白宫变革先锋奖的获得者,他的工作在《科学美国人》和《国家地理》等主要出版物上得到了认可。他提出了一个有趣的问题:如果我们把学生的学习社区从他们的老师、校长和辅导员扩大到同龄人、大学生、大学教师和研究人员,将会怎么样?他认为公民科学是实现这一目标的一种途径。下面是一些教育工作者可以在课堂上利用的公民科学项目的例子。

原始人探索(Paleo Quest):奥斯本是"原始人探索"的联合创始人。这是一个非营利性的公民科学组织,其使命是通过研究、探索和科学教育来推进古生物学和地质学。"原始人探索"是一个原创的协作平台,汇集了不同学科的专业爱好者、专业人士和公民科学家,为科学创新提供了一个温室。该组织以科学的新颖方法帮助参与者识别和回答古生物学与地层学中独特的科学和方法论问题。

大脑 STEM 项目(Project Brain STEM):通过大脑 STEM 项目(youtube.be/cOiZf8ViqaA),教师和学生可以帮助研究人员识别果蝇大脑数据集中的神经结构。通过将学生作为实验室的延伸,研究人员可以利用学生的工作以比以前更快的速度绘制大脑图谱。这反过来又使科学以更快的速度进步。学生们通过学习大脑的结构和科学过程获益,所有这些都是州课程标准所要求的。

鲨鱼发现者(SharkFinder):学校与业界、大学和研究机构的合作并不局限于中学生。K-5 学生还通过一个名为"鲨鱼发现者"的项目为科学做出了贡献。在这个项目中,学生们帮助发现可能具有重要科学意义的微化石。就像大脑 STEM 项目一样,"鲨鱼发现者"允许对大量的数据进行分析,这使得首次发现物种的数量呈指数增长。也许它对学生和教师最显著的影响是允许交叉课程内容的无缝结合。学生在学习科学、社会研究和数学的同时,也运用阅读和写作技能,使"鲨鱼发现者"成为 STEM 学习的一个真正的例子。

了解更多关于精英教育项目的信息,请访问 exploring.pickedu.com。点击 youtube.be/gLhT0WKICmY,观看关于精英教育项目对所有学校的作用及其潜力的报道。

[摘自奥巴马白宫档案(Osborne,2015;tinyurl.com/ybdvfj4u)和奥斯本的个人通信,2018 年 5 月 9—13 日]

反思 AI

- 从到目前为止我们所学到的知识来看,是什么表明学习是人类所独有的?机器在合适的环境下能做好哪些事情?
- 在《大西洋月刊》的一篇文章中,西方世界排名最高的围棋玩家雷德蒙(Redmond)指出,与 AlphaGo 下棋的感觉有点"异类"。他说:"AlphaGo 的游戏方式中有一些反人性的元素,这使得我们很难投入游戏中。"人类使用哪些元素来帮助他们玩游戏,而这些元素是机器没有的?
- 如果 AlphaGo 可以在复杂的游戏中击败另一个人,但它不能玩井字游戏,那么什么是它还做不到,但欧文·苏斯金德和六岁的孩子能做到的呢?
- 机器学习中情感的缺乏是如何限制人工智能的能力的,特别是在交流方面?

AI 机器学习是如何工作的

虽然儿童天生的好奇心常常推动学习,但机器必须经过训练。在谷歌云平台 AI 探险(AI Adventures)视频系列的其中一集中,开发者郭玉峰将培训过程分为七个步骤。

1. 收集数据
2. 准备数据
3. 选择模型
4. 训练
5. 评估
6. 参数调整
7. 预测

第一步是收集要输入的数据,并用于开发 AI 载体(模型)。这被称为"培训数据"。收集数据的数量和质量将直接决定预测模型的能力。

内森·劳里(Nathan Laurie)是华盛顿大学材料科学和工程专业的研究生,他选修了数据科学。根据他的说法,准备数据可以说是迄今为止开发机器学习中最费时的步骤,因为数据需要以算法能够读取的方式进行格式化。由于要输入大量数据,这就可能有多个数据源需要重新格式化。劳里将此描述为机器学习中"乏味的部分"。他强调,尽可能从一开始就描述清楚如何最佳地格式化数据的细节是非常重要的(内森·劳里,个人通信,2018 年)。

接下来,将数据加载到合适的位置,例如云存储。准备数据还包括随机化数据,然后将其分为两组。其中一组用于训练,另一组用于模型训练后的评估。有时,数据准备还包括清除重复数据或背景噪声。

第三步是选择模型。有许多不同类型的机器学习模型,这取决于你希望机器能够回答的问题的类型。例如,二元分类模型教会机器预测二元结果,比如电子邮件是否为垃圾邮件。回归模型则预测数值,例如明天的气温是多少。某些模型最适合于某些特定类型的数据。例如，面部识别软件使用面向图像数据的模型，而聊天机器人可能需要基于文本的模型。

开发机器学习的大部分发生在训练阶段。在此阶段，数据被用于逐步提高模型预测真实世界数据结果的准确性。应考虑权重和偏差，并在适当情况下，作为该步骤的一部分进行更新。

第五步是评估。原始数据已分为两组，未使用的数据将用于确定模型是否能有效预测——换句话说，模型在真实世界中的表现如何。

在第六步中，即参数调整或超参数调整，程序员通过检查参数来微调训练过程，例如这些数据在训练集中运行了多少次，或者它们在每个训练步骤中能够在多大程度上提高机器的能力。

第七步是预测，也是最后一步，即在没有人类帮助判断的情况下，确定模型在多大程度上能预测或推断出你想要知道的内容的程度。

教计算机生成自然语言

让对话显得像人类那样（即自然的），AI 的响应应该在对话的语境中有意义。换句话说，语言需要被正确地使用。研究人员和开发人员首先考虑人类会如何反应。另一个需要考虑的问题是：需要总结哪些信息，以避免重复和机器化？

确定说什么与如何说需要使用稳定和可预测的规则来完成，这些规则需要大量的信息——这种方法无法扩展到不同的语境、语言或输出。例如，如果为一台机器编写了响应天气预报的规则，那么它需要一组新的规则以不同的语言传递报告。这就成为一项不可扩展的艰巨任务。

通过给出需要生成的数据和语言的模型示例，我们希望机器学习能够形成自己的规则，并具有创造的自由。劳里将此称为"无监督学习"（unsupervised learning）——学习算法被允许在未标记的数据之间建立联系。这些联系通常对人类观察者或传统数据分析技术来说是隐藏的（内森·劳里，个人通信，2018 年）。要做到这一点，需要向模型展示许多例子，以便在回答问题时加以借鉴。如果成功了,就没有必要写那么多的规则;机器学习就可以完成剩下的工作。这是机器学习的目标之一。

在课堂上开始使用人工智能

Tensor Flow 游乐场(Tensor Flow Playground):在基于浏览器的沙箱模拟中使用机器学习训练和参数。你无法损坏它:playde.tensorflow.org。

观看云 AI 冒险关于机器学习七个步骤的视频:youtu.be/nKW8Ndu7Mjw。

使机器学习更复杂

保罗·艾伦(Paul Allen, 2011)写了一篇文章,描述了为什么在机器能够在广泛的背景和新奇的模拟中显示出与人类相同的智能之前,我们还有很长的路要走。相反,目前机器学习提供了一个特定领域或学界的专业知识深度。艾伦描述了人脑与人工智能的比较:

大脑的复杂性简直令人敬畏。每一种结构都是经过数百万年的进化而形成的,以完成某一件特定的任务,不管它是什么。它不像计算机,在常规的存储阵列中有数十亿个相同的晶体管,由一个具有几个不同元件的 CPU 控制。在大脑中,每一个单独的结构与神经回路都被进化和环境因素单独优化。我们对大脑观察得越仔细,我们发现的神经变异程度就越大。随着我们了解得越多,我们理解人脑的神经结构就变得越困难。换句话说,我们学得越多,我们就越意识到还有更多的东西要了解,我们就越需要回顾和修正我们以前的理解。我们相信,总有一天,这种不断增加的复杂性将会结束——毕竟,大脑是一组有限的神经元,并根据物理原理运作。(Allen, 2011)

试图构建类人智能的研究人员,通常会尝试构建具有狭窄领域深度知识的系统,目的是将它们结合起来模拟人类的学习方式。最近,人工智能研究人员理论化了建模复杂现象的方法,这些复杂现象使人类能够在不确定性中保持灵活性,具有特定情境的敏感性,能理解经验规则的差异,进行自我反思,并接受灵感的闪现(Allen, 2011)。

了解 AI

> 垃圾邮件过滤器是线性模型的一个例子。但如果事情没那么简单呢?深度神经网络(deep neural networks, DNN)帮助数据科学家适应更复杂的数据集,更好地泛化新数据。它们的多层结构允许使用更复杂的数据集,但缺点是神经网络需要更长的训练时间,规模更大,可解释性更低。让所有的参数都恰到好处可能会令人望而生畏。
>
> 要了解更多关于深度神经网络的信息,请观看这里的云 AI 冒险视频:youtu.be/s0JvhHr3r8k。
>
> 观看一段六分钟的视频《什么是人工智能(或机器学习)?》:youtu.be/mJeNghZXtMo。

正如我们所看到的,如果不深入了解大脑的工作原理(从认知和发展心理学到生物化学和神经科学),人工智能研究人员就无法完全成功地模仿人类智能。这需要来自不同领域的科学家共同努力。

为此，成立于 2003 年的艾伦脑科学研究所已从"最初对大脑的理解扩展到对细胞内部运作的调查，以及对世界各地变革性科学想法的资助"（Allen Institute for Brain Science，2018）。希望通过更好地理解大脑是如何工作的，我们也许能够学到一些关于如何推进人工智能的知识。

AI 应用对未来职业的影响

在本节中，你会找到影响与推动 AI 方向的商业和职业领域的例子。我们来看看商业和教育领导者等有影响力的人现在在人工智能领域正在做什么。为了帮助学生理解这一新兴领域，教师和管理人员必须及时了解这一主题。

以下五家公司及其潜在的职业道路是从作者与目前在该领域工作的研究生和专业人士的对话中选择的。每一个例子都代表了一种利用机器学习的职业情况。在这些例子中，机器学习被用于动画、发现化学和分子模式、比人类感知速度更快的快速物体识别（出于安全目的）以及脑电波识别。

皮克斯动画工作室

尽管 2018 年被认为是人工智能取得重大进展的一年，但最近的一篇文章《皮克斯可以教给我们关于人工智能和机器学习的知识》（Angelani，2018）回顾了 2004 年的皮克斯并断言皮克斯为其电影《超人总动员》建立了标准。在主要角色与一个名为全能机器人（Omnidroid）的战斗中，机器在实时战斗的同时不断学习，展示了其利用监督和无监督数据的过程。监督算法支持从过去学习，以分析新数据。无监督数据能够从新数据集中进行推断。安哥拉尼（Angelani）解释说，因为全能机器人同时使用了监督和无监督数据，所以它是超前的。

了解 AI

> 阅读整篇文章,可了解安哥拉尼所说的皮克斯通过《超人总动员》教会我们关于人工智能和机器学习的知识:tinyurl.com/y7q8llhn。

超越了 2004 年的想象和动画,今天的皮克斯动画工作室广泛使用人工智能技术并发表相关成果的论文。"盒子里的皮克斯"(Pixar in a Box)是可汗学院的一门课程,这门课程展现了皮克斯电影制作人如何在日常工作中借鉴数学、科学和艺术等传统学校科目进行创作的,这是一门体现科学、技术、工程、艺术和数学,即 STEAM(Science,Technology,Engineering,Arts,and Mathematics)设计的完美的课程,为动画电影的职业和应用提供了清晰的关系。

为了帮助年轻人在像皮克斯这样的公司里做好职业生涯准备,"盒子里的皮克斯"课程让学习者探索和创建不同现象的"模型"(见图 2.2 中的字符建模活动的展示)。例如,用户可以通过粒子系统实现对水和头发的建模,探索这些模型背后的物理学原理。同样,他们也可以建立一个模型并探索其背后的数学原理。"盒子里的皮克斯"课程的每一个模块包含了来自动画师、研究人员和科学家的真实故事,这些故事激励着年轻人并帮助了解他们(和他们的老师)可能都不知道存在的职业。

使用动画教授 STEAM

> "盒子里的皮克斯"是一门供教育工作者在课堂上免费使用的资源和课程,这门课程是与可汗学院共同制作的:khanacademy.org/partner-content/pixar。

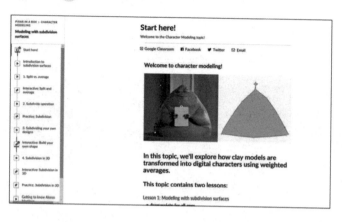

图2.2 学习者可以在"盒子里的皮克斯"课程中探索角色建模

2018年5月,"盒子里的皮克斯"课程的共同创作者托尼·德洛斯(Tony DeRose)解释了皮克斯是如何开始研究人工智能支持动画的方式的。他和我分享了他们去年夏天在计算机图形和交互技术特别兴趣小组会议上发表的第一篇关于这个主题的论文。文章描述了机器学习在渲染工作中的一个具体应用,或称之为使用计算机程序从三维或二维模型生成图像的过程(graphics.pixar.com/library/MLDenoisingB/index.html)。

材料科学和工程

按照劳里的说法,机器学习是"无处不在的"。他解释道,你要为机器学习算法提供描述符,这样机器算法才会发现它们之间的相关性,否则其无法检测到这种相关性。他描述了一个用于3D打印人类脚踝的网状支撑物的应用场景,该支撑物在某些地方提供刚度以防止特定动作,同时仍允许正常移动。3D打印机使用预编程模式驱动的喷嘴创建物体,从而形成塑料层。它所采用的路线——以及它在哪里留下空隙——决定了物体的最终形状。问题在于探索如何设计打印机所采用的路线,以达到每个点所需的确切厚度。通过机器学习,你可以教给模型一些喷嘴路线的结果,然后让它建立所需的脚踝支撑物。那些继续从事计算机辅助设计和3D打印相关领域工作的学生,有一天可能会依靠这种人工智能解决方案来帮助他们克服工作中所面临的挑战。

机器学习在材料科学中应用的另一个例子是预测材料和分子属性

的能力。正如我们从机器学习的七个基本步骤中了解到的,机器学习的目标之一是能够准确地预测结果或解决方案。劳里指出,通过逐一检查的实验方式来确定哪些分子适合作为生物燃料,这并不是对资源的良好利用。他断言,机器学习是缩小科学家研究分子范围的一个有效工具。

最后,劳里说:"我觉得有趣的是,即使你可以获得极其准确的非线性回归,但'该解决方案'并不是一个解决方案。它没有对问题的物理现象提供任何见解。你可以让它学习物理,但它不是学习物理。它只是学习结果。"(内森·劳里,个人通信,2018年5月8日)

我们可以将这种"缺乏洞察力"想象成类似于那些数学运算达到滚瓜烂熟的孩子,他们在测试中可能得分很高,但却不了解其背后的那些概念原理。当遇到阻碍他们进行简单重复运算的新情境时,他们就无法得出准确的答案了。类似的情况还有,一个学生记住了单词但不知道单词的意思,有可能听起来他们阅读得很流利,但他们却无法理解文章的意思或达成知识迁移。

当我问劳里他希望教育工作者知道什么时,他说:

"机器学习或人工智能一般来说并不是免费的午餐。很多机器学习都是来自实验数据,所以数据必须要'好'。遗憾的是,一些数据不能仅因为是公开的就说明是好的,即便这些数据是通过恰当的程序和科学理论获得的。为了预测某些事情,你需要向数据中增加更多描述符,这也相当于增加了实验噪声。任何测量都存在噪声,这也混淆了你的判断。还有更多的描述符可能是无意义的。因为你无法从机器学习中获得有关物理方面的解释,所以很难判断你是否错了。"(内森·劳里,个人通信,2018年5月8日)

了解AI

> 阅读文章"数据科学:加速化学工程领域的创新和发现",了解更多的化学工程师可以用的统计的、机器学习和可视化工具的信息:tinyurl.com/y8p89m3g。

国防领域

瑞安·谢尔霍斯(Ryan Shelhorse)少校是美国空军的一名F-22飞行员。2018年5月8日,我问他是否在工作中使用人工智能。他告诉我,军方正处于开展人机合作的早期阶段,但还有很长的路要走。他指出,愿景已经有了,但人工智能的科学离我们太远了。在他看来,赋予机器自主思考的能力可能会产生严重的影响。"一旦你训练一台机器能独立思考,它会走向何处,走得多远?"他的立场直截了当:"人类需要参与其中,自始至终。"

瑞安加入了一个团队,在团队中负责创建人机合作程序。利用机器学习使他的团队能将多个信息节点融合到一个单一输出中,供终端用户确定飞机是敌是友。他说:

"在战斗机领域,我们主要的精力集中在识别任何可能影响我们任务的飞行器上。其思想是,将跨多个领域的多个系统融合到一个正致力于识别飞行器的数据中心。当我们能更早、更准确地识别到飞行器时,我们就能够利用机动作战中的一个重要概念。战场指挥官(例如,战斗机飞行员)能够比敌人更快地做出决定和行动,因为他们已经观察并定位了与敌人作战的部队。当战场指挥官保持这种主动性并能够将其意图传达给野战部队时,任务的总体风险将得到缓解和降低,因为他们的敌人能做的是反应而不是行动。"

他说人工智能的可能性也许是无止境的,但又强调说"需要有一种方法来关闭它",或者确保人类在推动整个过程,以便保持国际《武装冲突法》的必要性、区别性和相称性的原则(loacblog.com/loac basics/4-basic-principles)。

当我问谢尔霍斯少校会对教育工作者说什么,让他们的学生为未来做好准备时,他说:"要采取更积极主动的方法来找到你的每一个学生的最佳学习方式。"这是人类所独有的细微差别——当事情变得困难时,这种细微差别可以激发激情和毅力。

了解 AI

> 探索在自主武器系统中使用 AI 的后果：tinyurl.com/y7vnnwfo。
>
> 了解美国空军如何使用机器学习来更快、更准确地识别朋友和敌人的飞机之间的不同：tinyurl.com/ycdqu523。
>
> 了解空军如何为 2060 年的 F-22 配备新的传感器、雷达、航空电子设备和人工智能：tinyurl.com/y8v9fyp2。
>
> 了解飞行员培训如何改变，使飞行员更习惯于使用各种技术：tinyurl.com/y8yebtfd。

美国国防部先进研究项目局教育项目

全球冲突和战争通过多种方式影响着人类。国防高级研究计划局（darpa.mil）等组织在开发当今社会使用的主流技术方面具有影响力，例如自动语音识别和 GPS 接收器，其体积小到可以嵌入移动设备中。

美国退役海军上校、航空航天实验心理学家罗素·希林（Russell Shilling）为《科学美国人》撰写了一篇文章，提议为教育创建国防高级研究计划局（tinyurl.com/ydd9fm9q）。他认为，"与传统的基础或应用研究不同，国防高级研究计划局计划属于已故科学政策研究员唐纳德·E.斯托克斯（Donald E. Stokes）在其 1997 年的著作《巴斯德象限》(*Pasteur's Quadrant*)中介绍的范畴"（Shilling，2015）。《巴斯德象限》是以路易斯·巴斯德的名字命名的，他将基础研究应用于解决具体而紧迫的问题。2016 年 2 月，在谷歌总部举行的一场名为 Edfoo 的活动中，500 名研究人员、教育工作者和创新者聚集在一起，希林在一段私人对话中谈到了实验室研究与实践之间的差距以及国防高级研究计划局应对更大挑战的过程。对于国防高级研究计划局来说,每个项目都是一个登月计划。虽然最终目标是明确的,但其方法具有灵活性,研究的可能性比比皆是。例如,一个由人工智能驱动的数字家庭教师可以在学习者从学前教育到大学的整个教育过程中适应学习者吗?在正规教育范围之外,是否可以开发类似的技术来支持或增强个人终身学习?这些技术如何支持对学习者进步和掌握的变化的了解,而不是等待课程学习结束时的最终评估?

在他的文章中,罗素谈到了将"最具创新精神的团队"聚集在一起的必要性,团队中的研究人员、专业开发人员和教育工作者作为一个整体来解决问题"(Shilling, 2015)。他得出的结论是,如果人们能一直保持着要提高教育成效的目标和愿景,那么愿景是可以完成的。早在 1968 年,国防高级研究计划局的研究人员本不会预测到互联网将成为什么样子。致力于解决教育挑战的人们,只有联合起来才能促进教育的变革。

了解 AI

> 你知道吗?如果没有国防高级研究计划局,我们可能没有互联网——甚至连这本书都没有。国防高级研究计划局在技术上的许多进步现在为普通民众所使用。详情阅读这里:tinyurl.com/3pugj9f。

生物医学进步带来的通达性

在生物医学领域,机器学习为各种残障人士提供了改善通达性的新方法。尽管功能强、可访问的脑-机交互的梦想尚未实现,但新技术正在涌现出来,这些技术用来帮助患有创伤性脑损伤、瘫痪,以及活动、言语和听力受限的其他残障人。有些技术已经存在或在试验阶段,包括设计最新的迭代程序以帮助有阅读障碍的学生,如有诵读困难、书写困难、听觉障碍和视力障碍。还有一些技术使用动作捕捉将美式手语转换成语音和文本,供聋哑或听力障碍的学生使用。当一个语言学习者来到一个陌生的国家,不熟悉当地语言时,机器学习也可以为其提供帮助。

在课堂上开始使用人工智能

以下资源大部分是免费浏览的,可供你的学生使用。

微软学习工具和沉浸式阅读器有着广泛的应用,从第一次学习阅读到支持阅读困难的读者。学习工具允许 OneNote 用户高亮显示文本、更改单词和字母之间的间距、更改对比度和颜色、识别音节、识别和标记词性以及其他语言阅读。增强听写能力可以提高文本的创作能力。专注模式(Focus Mode)有助于保持注意力并提高阅读速度。沉浸式阅读器可以在移动设备上大声朗读,这对视力受损的学习者是有帮助的,也可以用来帮助学习者校对他们的文章和学习基本语法。浏览以下链接可以了解更多信息:onenote.com/learningtools。

微软翻译器(Microsoft Translator)使用自然语言处理来突破语言障碍。你可以运用你自己的语言讲话或者输入文本与其他参与者交流,他们看到的你的信息是以他们的语言显示的。Outlook 的翻译插件允许用户以其首选语言阅读和翻译电子邮件。演示翻译插件(Presentation Translator)是一个微软车库项目(Microsoft Garage project),这个项目可以让用户直接在演示文稿(PowerPoint)中进行带字幕的实时演示,从而突破语言障碍。在用户发言时,该插件由微软翻译器实时翻译功能提供支持,允许用户以 60 多种受支持的文本语言中的任意一种直接在幻灯片演示文稿上显示字幕。此功能也可用于聋哑或听力障碍的观众。另外同一房间内最多有 100 名观众可以在手机、平板电脑或电脑上用自己的语言观看演示。详情请访问此链接：translator.microsoft.com。

Motion Savvy 的 UNI 是一款双向通信软件，目前正处于试验阶段。UNI 利用摄像机跟踪双手和全部十个手指的位置，将美式手语翻译成语音和文本。有现场反馈和双手的图形表示以确保正确捕捉手势。用户可以添加定制的标志，因为软件的字典可以扩展并上传到互联网与他人共享。一个人使用这个系统越多，机器学习就变得越准确。该系统包括 Dragon Nuance Pro，它是语音识别软件的领先产品之一。观看视频链接如下：motionsavvy.com。

阅读罗伯特·什切尔巴（Robert Szczerba）的文章"耳聋或听力有困难的人的四项改变游戏规则的技术"请在此处：tinyurl.com/y89f7kyv。

正如我们在本章中所看到的，AI 的发展需要更多的工作才能从理论走向现实。为了超越机器学习的局限性，科学家需要更多地了解人脑的工作方式（Bransford 和 Schwartz，1999）。

2018 年《边缘》杂志上发表的一篇文章说，"原始计算能力并不是人工智能成功的全部和最终目的。至少如何设计你的算法的独创性也同样重要"（Vincent，2018）。该文指出，在一场人工智能工程挑战中，谷歌和英特尔等大型科技公司与来自大学和政府部门的小型团队展开竞争，生产最快、最便宜算法的前三大团队都由与 Fast.AI 有关的学生研究人员组成。Fast.AI 是一个致力于使深度学习"面向所有人"的非营利组织，该研究所的联合创始人将他的学生的成功归因于他们的创造性思维能力，这种能力使学生们能够利用基本资源取得成功。他希望人们知道，任何人都可以利用可获得的资源做大事。

了解 AI

> 阅读此篇文章，了解人工智能速度测试如何显示聪明的程序员仍然可以打败像谷歌和英特尔这样的科技巨头：tinyurl.com/y8d8pfdh。

道德考虑

尽管本书的最后一章将更详细地探讨人工智能的道德考虑，但尽早、时常思考这些问题是很重要的。正如我们所看到的，一个算法准确预测或推断的能力与它的训练数据质量一样——收集数据的方式会产生不同的影响。目前所收集的许多数据来自研究机构和医疗机构，它们的数据样本可能天生就有偏差，可能无法提供完整、准确的全貌来进行推断和预测。公司还通过我们使用互联网、移动设备和计算机，随时收集关于我们所有人的大量数据。

贾里德·齐默尔曼说，要建立一个合理的模型，至少需要 10 000 个标记集——即使这样，模型也不会完全准确。为了合理准确，需要大约一百万个标记数据点。大数据公司需要来自我们的大量数据，这样才能创建准确的模型。由于这项技术发展迅速，法律和协议尚未明确规定哪些数据可以自由访问，以及出于什么目的可以访问。

正如内森·劳里和奈尔·威尔逊所指出的那样，人工智能仍处于婴儿期，不准确或有偏差的模型可能会导致意外后果。完全通过自己的思维来实现目标的人工智能也会如此，这促使谢尔霍斯少校强调保持人类对机器学习控制的重要性——不要让它完全靠自己。

另一个道德考量围绕着电影《不需要人类》（Humans Need Not

Apply)中提出的问题(youtu.be/7Pq-S557XQU)。自动化和由此产生的工作转移可能导致只掌握一套技能的员工被解雇,当他们的工作被机器取代时,他们将无法适应。在这种情况下,作为教育工作者,我们的责任在于确定积极的措施,支持我们的年轻人学习如何在一个机器学习将变得越来越精细和无所不在的世界做好准备。

当贾里德·齐默尔曼被问到希望老师了解人工智能未来发展的哪些方面时,他说学生们应该学习统计学和编程概念。人工智能和机器学习的设计者必须从规定性设计转向描述性设计。换句话说,不是告诉系统如何做事情,而是教一个目标,看看它是如何实现的。他将其描述为类似于教育孩子:它们可能会让你感到惊讶,并想到一个你从未想象过的过程(贾里德·齐默尔曼,个人通信,2018年5月9日)。

ISTE 学生和教师标准

将本章的内容与第一章及绪论联系起来,我们应该重新审视我们希望年轻人在完成正规教育后能够做什么。这项任务可能令人望而生畏,但 ISTE 以 ISTE 学生标准(ISTE.org/Standards/for Students)的形式为我们提供了一个指导方针,了解该标准可以帮助确定教育工作者并提供指导,这是很有帮助的。我们知道技术将不断发展。这意味着我们需要适应它——教育我们的年轻人适应它。制定这些标准是为了确保学习者推动自己的学习,让他们的声音被听到并参与其中。

我们需要意识到现在存在着什么,同时也要关注未来,这样我们才能支持和引导我们的年轻人。我们还希望学生能够识别和辨别那些可验证的说法,利用他们所获得的知识,并将其转化创造出一些东西,使我们更接近于找到解决本地和全球挑战的方法。除了知识,我们还希望学习者能够学会坚强度过困难时期,由此变得具有韧性。通过这一点,我们希望他们学会同情心和同理心,这样他们就可以设计出解决人们问题的创造性方案。我们希望学习者在学习新技能时具有适应能力和灵活性。我们应鼓励他们变得有责任感,培养他们与他人合作的能力。我们希望他们从过去吸取教训,不会陷入其中而重复记录在案的必然失败。我们希望他们有辨别力,这样他们就不会被引导去相信任何事情。

在重视支持创新工作技能的社会中,年轻人的学习方式与我们希望他们成为社会贡献者时能够做什么之间需要保持一致。

在某些方面,我们希望年轻人在正规教育结束后能够做的事情与目前机器的能力和人工智能的状态大不相同(Allen, 2011)。仍然存在着人类独有的学习方面。据我们所知,在实践中,没有一种人工智能能够像人类一样将知识迁移到一个新领域,同时进行推理和处理感官信息,创造、创新和响应广泛的环境与场景。目前,具有这种水平的人工智能仍然仅存在于科幻小说之中。然而,看到我们周围存在的人工智能的各种能力可以激励人类梦想可能的事情(Turbot,2017;Kurshan,2016)。

反思 AI

- 观看并讨论电影《不需要人类》(youtu. be/7Pq-S557XQU)。机器已经具备的哪些功能让你感到惊讶?
- 有哪些事情机器还不能和人类一样做得好?
- 如果今天的工作变得自动化了,那么请你和你的学习者想象一下,未来会有哪些工作?
- 人类的学习方式与机器的学习方式有何相似之处?人和机器的学习方式有哪些不同之处?
- 应当考虑哪些最基础的道德问题?

为了理解人工智能是如何工作的，教育工作者和学生首先需要牢牢掌握人工智能的能力及其局限性。在下一章中探索不同的人工智能教学方法时，请记住你对这些问题的答案。

第三章
运用 AI 的教学方法

茶道与设计思维

剧中人

正头英和（Hidekazu Shoto）：立命馆小学 ICT 部部长兼英语老师

堀江未来博士（Miki Horie，PhD）：立命馆小学校长、立命馆大学副教授

米歇尔·齐默尔曼（Michelle Zimmerman）：作家、教育家

场景

堀江未来博士和正头英和部长带领作者参观日本京都立命馆小学。

时间：2017 年 10 月

图 3.1　2017 年 10 月,日本京都

第一幕

场景 3

情境：在有着数百年历史的日本古代首府京都，树上的叶子开始变成金色和红色。一个月后，它们将达到最佳色调，充满活力的石榴石色、红宝石色和橙色。京都仍然被认为是日本传统和文化的中心，有许多历史建筑和联合国教科文组织认定的世界遗产。

京都有十一个区，基塔（北区 Kita-ku）就是其中之一。这个名字的意思是"北区"，立命馆小学就在北区，离北大路车站只有几步路。这所小学隶属于位于东京的立命馆大学（Ritsumeikan Daigaku）。该所私立大学创建于 1869 年，因中国古代哲学家孟子所说的"修身养性"和"安身立命"（日语为立命，ritsumei）而得名。"Ritsumeikan"后面的"kan"意为"地方"。所以"立命馆"这一名称的意思是"决定一个人命运的地方"。

立命馆大学被认为是日本西部四大私立大学之一。该大学以其国际关系专业闻名，在世界各地均有交流项目，包括英属哥伦比亚大学、墨尔本大学、悉尼大学、香港大学和伦敦国王学院。立命馆小学的校训为"培养孩子的全球化思维"，意味着这是一个培养高尚道德和开放思想、重视孩子个性的学校社区。

启幕：

> 将心灵的杯口朝上
>
> 倒置的杯子
> 不能被填满，
> 一个有着保留价值的传统。

图 3.2 立命馆小学的学生制作的茶杯

在一个安静的大厅里,地板是亮晶晶的硬木,靠墙的浅色架子上摆放着一排深色的陶器。这种陶器的釉料被称为黑釉,它与空间中的表面及纹理保持了平衡,并形成了鲜明的对比:架子和地板光滑流畅的线条对应陶器的圆形——每一件都非常独特,大小、形状、深度和光泽都不尽相同。这些被骄傲地展示的陶器,每一个都打开着,等待着被注入生命之源——水和传统抹茶的混合物。抹茶是由生长在树荫下的绿茶制成的细粉,溶于液体。

靠墙排列的这些陶器为茶具中的茶碗,是 10 到 12 岁的孩子为准备学习"茶道"而制作的器具。在日本,茶道被称为"茶の湯",被认为是三大经典优雅艺术之一。茶道包含以下几则信条:和(wa)、敬(kei)、清(sei)、静(jaku)。不只限于茶,更是一场尊重彼此关系的活动。支持这一理念的哲学在于:每一次聚会都应该受到重视,因为那一刻是独一无二的,永远无法复制。

所有的这一切都是道德研究学习者的体验,因为他们探索生命、生活和人际关系的深层意义与重要性,作为"立命学"的一部分。其中一个目标是创造一个空间,让孩子们学习人际交往知识,以及学会如何尊重道德行为和自律价值。这个传统的日式房间可以让孩子们成为茶道的一部分,并且学习插花艺术,即"花之道",学习规范和养成好的礼仪。

在拐角处一个满是塑料箱子的房间里,学生正在进行机器人项目。在通往隔壁房间的玻璃门后面,年轻的孩子们笑着,并发出咯咯的声音,兴高采烈地编辑着展示他们机器人设计的视频项目,反思哪儿成功了,

图 3.3 在日本京都立命馆小学举行的学生机器人项目

哪儿失败了,并用英语讲解操作过程。他们把英语语言技能和设计思维、STEM 学习结合起来,协同工作并创造媒体产品,同校外的观众交流他们的学习心得。我们继续走到另一个大厅,那里铺着高光硬木地板,一侧有一排水槽。在大厅的尽头,一台机器人站在一个灰色的容器旁边,里面放着一些有着灰绿色把手的雨伞。

图 3.4 日本京都立命馆小学的大厅

我们走到另一个学习空间,孩子们正在使用《我的世界:教育版》

（Minecraft Educational Edition，一款沙盒游戏）再现参观京都世界遗产时看到的景象。他们相互合作，在网络世界中共同设计城市形象供不同地方的人们探索。

图3.5 学生在立命馆小学使用《我的世界:教育版》复制他们参观了的京都世界遗产

在一天结束的时候，学生们依旧保持微笑打扫周边的卫生——不仅仅是课桌和圆桌，还有地板，走廊地板锃亮发光是有原因的。在这个安静的大厅里，浅色的架子上排列着一排黑色的釉面陶器，地面铺着锃亮的硬木地板。

场景3结束

观看视频，深入探究 ....

> 观看、思考并深入挖掘 TED‑Ed 关于"茶"历史的视频：ed. ted. com/lessons/the-history-of-tea-shunan-teng。
>
> 倾听立命馆小学的学生们谈论如何保持学校清洁——这是他们在学习成为环境管理员时共同承担的任务。
>
> 将这一理念与皮克斯的电影《机器人总动员》进行对比，后者展示了当人类没有学会照看自己的社区时会发生什么后果：youtu. be/jv4oNvxCY5k。

反思 AI

- 以上的描述与关于人工智能教学方法的讨论有什么关系?
- 你认为为什么用茶来介绍这一章,而不是用学校使用的现代科技?
- 在前几章中,"情境"中的文字较少,"启幕"中的行动更多。为什么你认为上面的描述包括一个更长的情境?
- 为什么"启幕"中的首行要用日语书写呢?
- 如果你不知道如何说或读日语,有什么方法解码这些字符,理解其意思吗?
- 用俳句来做铺垫的目的是什么?你认为这首诗的含意是什么?
- 俳句诗遵循一种特定的模式。把诗的表达限制在一定的行数和音节上有什么价值?
- 在文学术语中,伏笔是对未来事件的暗示。你认为俳句是如何预示这一章的内容以及它与人工智能有什么关联?
- 第一章与第二章中有什么内容可以和这个故事联系起来?
- 讲故事的意义是什么?
- 学校的名称"立命馆"以及茶道中体现的概念,是如何提供视角让我们思考教育工作者在接近人工智能时需要学习什么的?
- 立命馆小学希望学生在完成常规教育后具备哪些能力?
- 对你来说,"培养孩子的全球化思维"意味着什么?
- 在日本文化中,对比具有一定的价值。你注意到在绪论中有哪些对比?其在探究人工智能中有何益处?
- 立命馆小学科技应用的哪些方面让你感到惊讶?
- 为什么学生要帮助保持学校清洁?他们如何从中受益?
- 学校把哪些学科领域整合在一起?

- 学生用什么工具来展示他们的学习？
- 这个关于学生学习保持环境清洁的视频，与讨论人工智能世界的教学方法有什么关联？

AI 融合在现有课程中

新千年已经过去了近 20 年，而今被非正式地称为数字时代。在如今学生使用的快速发展的技术中，日本茶道这样古老的习俗似乎显得格格不入。"茶道"如何帮助学生"在不断发展的技术环境中茁壮成长"（ISTE, 2018）？当立命馆小学的学生自己探索这些问题时，他们学会了在不同概念之间建立联系。就像一个等着被装满的茶碗——或者一个准备训练数据的机器学习算法——对新思想的接受能力使他们能够有效学习。与人工智能不同的是，孩子们可以在倒茶、编辑视频和打扫学校之间无缝切换，从而实现跨领域的学习迁移。思维的这种灵活性在一个变化加速的时代是绝对必要的。时间过得越快，技术的进步就越快。尼可·克鲁格（Nicole Krueger）在其最近的 ISTE 博客上的文章中称，"在过去 5 年里，需要人工智能技术的工作总体占比增长了 4.5 倍，而且随着这项技术的普及，占比还会继续攀升"（Krueger, 2018）。作为教育工作者，我们有责任跟上这一趋势并为学生提供支持，无论什么学科领域，使用现有及新兴技术来支持学习和工作应该成为他们的第二天性。K-12 学生出生在数字化时代，与科技一起成长进步。所以教师也必须一起进步，而这是不可阻挡的趋势。克鲁格认为："与任何技术一样，成功整合人工智能的关键是从学习目标开始，然后探寻人工智能如何帮助学生实现这一目标。"（Krueger, 2018）

在每个学科领域我们都有许多的学习目标。随着新技术的整合,我们必须建立额外的目标,以帮助学生成为:

赋能学习者:能利用技术,在选择、实现和展示他们实现学习目标的能力方面发挥积极作用。

数字公民:能在相互关联的数字世界中认识到生活、学习、工作的权利、责任及机会,并以安全、合法和道德的方式行事。

知识建构者:能使用数字工具批判性地管理各种资源,从而建构知识,制作有创意的知识产品,并为自己和他人提供有意义的学习经验。

创意传播者:能开发、采用策略来理解和解决问题,利用技术方法的力量来开发和测试解决方案。

全球合作者:能利用数字工具与他人合作并在本地及全球范围内的团队中有效地工作,以拓宽他们的视野、丰富他们的学习。

在前一章中,我们考察了已经在使用人工智能的行业和领域,并阐述了让学生为未来就业市场做好准备的重要性。在数字时代,这越来越成为 K-12 课堂优先考虑的问题。与农业、工业时代不同,数字时代的工具和应用将在未来的就业市场中无处不在。

虽然今天课堂中的教师经常因规定的课程内容和相关标准而不堪重负,但让学生为一个不断发展、技术丰富的工作环境做好准备也是我们的工作,我们应该意识到高等教育的学生必须精通新兴技术。在《技术融入课堂的益处》一文中,拉纳辛哈和雷舍(Ranasinghe 和 Leisher,2009)曾断言,"无论是在高中还是大学,教育工作者的一部分责任就是为学生进入就业市场做好准备"(p. 3)。他们进一步建议"将技术融入课堂始于教师使用技术,以有意义和相关的方式准备课程,使用技术来支持课程,而不是主导课程"(p. 4)。

在本章中,我们将探讨人工智能在 STEM 和 STEAM 领域,以及基于项目的学习、设计思维和讲故事方面支持教学的方式。我们将回顾相关的 ISTE 标准,并分析《下一代科学标准》。通过展示人工智能的应用,可以帮助学生熟悉人工智能技术,使他们逐渐适应,并在工作中将其作为常用工具使用。

将我们所知的 AI 知识应用于教育中

虽然关于什么是人类智能的争论仍在继续,但我们或许也应该考虑关于什么是智能机器的争论也将继续存在。在前两章中,我们探讨了人们谈论人工智能的方式,研究了人工智能的一个分支——机器学习的工作原理。在本书出版时,还没有人知道如何创造真正的人工智能。就像很多话题一样,一个人学得越多,就越会意识到还有更多东西需要学习。你可能还记得在第一章中,1955 年聚集在达特茅斯的一群雄心勃勃的教授相信,一个夏天就可以解决人工智能的挑战。事实证明,这个挑战远比他们想象的要复杂得多。虽然在人工智能最早的研究开始时就有很多预测,但还是出现了更多意想不到的挑战。在保罗·艾伦的《奇点还没有临近》(The Singularity Isn't Near)一文中,他分享道,"随着我们对大脑了解得更多,我们看到了更大程度的神经变异,而且学得越多,就越难。这意味着在我们能够让机器复制人类智能之前,还需要做更多的工作来解析人类智能工作的原理"(Allen, 2011)。

作为教育工作者,我们面临的挑战之一是理解这些问题:如果人工智能仍处于理论阶段,我们如何将其应用于课堂,或者如何开发教授 AI 的方法。到底该教学生什么或为学生准备什么?教他们如何编码和制作聊天机器人固然很好,但当人工智能比人类更快地输出基本代码时,会发生什么呢?除非我们向学生展示如何充分利用人类学习中的特质——好奇心、创造力、建立联系的能力——否则最终会将他们教得像机器一样思考,只会遵循一套程序。以下是使用人工智能进行教学和学习时的一些考虑。

AI 语言和词汇

当有这么多不同的人工智能思考方式时,思考不同的教学方法可能是具有挑战性的。本书已经列出了各种反思问题、视频媒体资源,以及进一步了解关于人工智能信息的链接。正如你所看到的,人们正在各种领域、职业中使用这些技术,从艺术动画到材料科学及医疗保健。在跨多个领域或利用不同研究传统为工作奠定基础的新知识领域里,常见的一种现象是某些语言和词汇经常出现混乱,有时甚至会混淆在一起,难以掌握。因为大量资源的搜索会让人们在如何定义 AI 或谈论相同技术时使用不同的语言,这时会产生一些重叠和变化。

灵活性

作为人类,我们有能力学会在运动、思维和过程中变得具有适应性、灵活性、流畅性。在数字时代做一名教师意味着要具有灵活性——能适应各种变化。在目前的状态下,人工智能只能解决某些问题;在适应性方面,机器还无法做人类所做的事情。例如,灵活性可以让我们注意到电线错位,而这一故障可能会干扰到在制造业工厂负责组装产品的机器人(Akella, 2018)。人类可以很轻松地将电线拨到一边,让生产线继续进行。而机器不仅难以识别这些电线,而且无法将电线移开。

现在,我们只能想象未来会发生什么。随着数字时代的发展,教育系统及教师必须具备灵活性,能够适应各种变化。在数字时代,随着人工智能的引入,教师的角色可能会发生变化。一些人有些担心,但人类将永远无法被取代,并且将永远被需要。

道德

如果要与复制了人类智能的机器互动,我们应如何向它们学习——

它们又应如何向我们学习？这会怎样改变我们作为人类的身份，以及他们作为机器的身份呢？我们假设伦理是通过社会文化互动和影响而必然产生的。例如，如果你是世界上唯一的人类，知道自己的行动、行为或思想不会影响到其他生命，不会影响到其他人，你是否需要培养道德观念？在与其他智慧生物共处的空间里，如何在社会、国家及全球层面上彼此和谐相处？这就引发了一个问题：我们如何才能让学生为人工智能的新领域做好准备？作为这个过程的一部分，我们是否建立了一套道德规范？

文化

我们将自己的偏见和文化规范融入到驱动机器人与机器学习的认知系统设计当中。当5岁、6岁和7岁的孩子们被问及他们希望机器人做什么，以及将如何设计他们的机器人时，许多孩子选择了他们及父母不想做的任务。这些任务包括捡垃圾、洗碗、打扫房间和完成家庭作业。回想第一章中对"机器人"一词起源的描述，再回忆一下迪士尼皮克斯的电影《机器人总动员》所讲述的警示性故事，当人类选择不再承担周围环境的责任，而依赖机器去做他们不想做的事情时，会有什么后果。这个动画故事展示了思维模式可以对人类和地球产生负面影响。就像一个倒扣的杯子不能被装满一样，脱离环境会阻止我们培养从环境中学习的能力。日本京都立命馆小学试图通过在学生中培养一种管理文化来避免这种潜在的反乌托邦式未来，学生们要对环境负责，而不是指望机器来代替他们做这些工作。

人工智能的文化意义使得文化仍然是这一过程中至关重要的一部分，因为学校为学生在参与基于项目的学习、STEM和设计思维的同时有效地与新技术互动奠定了基础。世界各地的学校保持独特性的关键是不要为了现代技术而放弃其丰富的遗产。

我们应该在学校和所服务的社区内保持一项使命，确保有一个明确定义的文化，允许历史得到恢复、更新和维护，以免忘记过去。为适应未来的愿景,我们可以展示如何将现有文化和机器学习进行有机结合。举个例子,立命馆小学的学生在《我的世界:教育版》中创建了一个世界遗产的代表,正如他们的优兔视频(youtube. be/FlI6bQzRsow)和本章开头的图 3.5 中所展示的。

这所学校的教育工作者都已经意识到游戏是如何激励学生的。他们选择利用这种动机来挑战学生,让他们通过游戏来决定展示当地的历史遗迹的方式,这些遗迹是他们文化的一部分。在以下网站可以阅读更多关于日本京都立命馆小学和华盛顿伦顿市伦顿预科学校之间的跨文化项目"我的世界"(Minecraft):rentonprep. org/interculture-minecraft-project。

反思 AI

- 如果人工智能被创造出来了,会不会偏离最初设定它的文化呢?它会从自己所处的文化中学习吗?还是会创造自己的文化?那又如何实现呢?
- 如果人工智能发展了自己的文化,那么当人类与机器互动时,社会文化互动会是什么样子?
- 我们希望在本地和全球范围内生活在什么样的未来环境与文化中?

在一个快速发展的领域中教学

人工智能的快速发展使教育工作者很难选用一种教学方法,并在持续变化中确定其持续存在的相关信息，特别是当该领域的人们正在与不同的专家合作时，这些专家可能会以不同的方式谈论人工智能。每天都有相关的新文章发表，在参加专业发展研讨会和教育技术大会时，希望能碰巧发现一条清晰的道路——一套工具或一份清单，可以借助这种新技术来简化教学。我们的想法可能会与这样的情感产生共鸣："太好了，我必须学习另一种新工具。"或者，"该如何将它添加到我已经排满的日程中？"或者，"有这么多的信息，我怎么才能把它们整理出来呢？"

对于目前尚处在理论阶段或已经在实践中运用的技术，我们可以提出更多的问题，即如何让学生为人工智能的新领域做好准备？你可以问自己：这一切意味着什么？它是如何工作的？在探索这个新领域的教学方法的过程中，如果你的思维发生了转变，这是没关系的。随着这一领域的发展，人们的想法也会不断增加或转变。新知识将挑战旧的假设，辩论将会继续下去，定义也会发生变化。因为对于人工智能，仍然没有统一、清晰的定义。新领域可能有混乱和模糊的地方，但这也是令人兴奋的部分。本人在华盛顿大学的研究方法导师之一朱莉·洛顿（Juli Lorton）认为："这只意味着该领域的研究时机已经成熟。"她又补充道，"是时候去探索和开辟新的道路，而不是转向一条已经成熟的道路了"（朱莉·洛顿，个人通信，2018年）。

让学生为未来的人工智能做准备，不仅仅需要教授文字处理、媒体展示或编码语言。因为随着人类与机器互动的增多，需要考虑的方面实在太多了。这意味着没有任何单一的程序或行动方案可以保证成功实施人工智能课程，或成功将人工智能作为工具进行教学。但好消息是，当工具和技术在你身边不断变化时，现在就可以和你的学生一起尝试一些事情，并持续下去。加州理工大学的一名物理学教授圣·路易斯·奥比斯波（San Luis Obispo）说："如果机器可以取代教师，那人就应该被取代。"（个人通信，2018年）

他的意思是，作为教育工作者，不应该复制机器的能力，如死记硬背、僵化的课程、标准化评分、基本技能和既定事实。机器永远不会厌倦一遍又一遍地看到2＋2的错误答案，或者多次看到同一个单词的拼写错误。此外,学生被机器纠正的时候,比被人类教育家纠正,更少带有个人色彩。例如,对于单调乏味的任务,机器可以利用游戏化来增加学生练习这些技能的动机。这可以帮助教育工作者找到方法,利用他们作为人类所擅长的能力,比如开发有效的提问策略,将学习从一个环境迁移到另一个环境中,建构知识,等等。来自中国台湾的风险投资家李开复已经在人工智能领域工作了30多年,并开设了谷歌中国办事处。他说人工智能没有同理心,"我们有人类的责任"去发展和应用同理心。他认为人工智能无法处理包含创造力、灵活性和复杂性的事情(Anderson,2018)。

"高接触和高科技"学习

韩国前教育科学技术部长官李柱浩(Ju Ho Lee)如今是韩国开发研究院公共政策管理学院的教授,他在最新的一篇文章(Anderson,2018)中提到,"高接触和高科技"(High-Touch and High-Tech)学习——高接触是在教师的支持下完成的基于项目的学习,而高科技是由人工智能和移动设备支持的自适应学习——是未来的唯一方向。这一模型是在更加完善的布鲁姆教育目标分类法的基础上形成的。文章还介绍了来自亚利桑那州立大学适应性项目经理戴尔·约翰森(Dale Johnson)的模型说明。该模型展示了学生在能够创新,以及成为赋能学习者、知识建构者和创新设计者之前需要具备的基础。由于机器擅长记忆,它们应该在模型的基础上支持知识和内容的获取。

与一些流行的观点相反,他认为学生记住一些基本的内容知识仍然是有益的。为了有效地理解文本,学生需要知道单词的意思和怎么读。如果没有记忆的自动性,理解故事的内涵就会变得很困难,因为解码信息并将其保存在短期记忆中所花费的工作量对大脑来说太大了,大脑无法在理解故事的同时又处理所有信息(Baddeley,1998)。记住自然拼读可以帮助早期读者解码他们还没有记住的单词。梅迪纳(Medina,2008)

简单地提到,"我们通过不断重复来记住"。人工智能可以通过使用自然语言处理程序大声朗读单词来帮助学生认识和理解词语。这减少了认知负荷,所以学生不需要使用有价值的认知资源,停下来解码每个还不是长时记忆的单词。当学生在短时记忆中试图解读每个单词时,他们无法长时间记住所有的单词,也无法一起处理它们的词意,试图理解每个单词就失去了连贯性。

当我们决定为人工智能世界做准备的途径时,必须不断问自己,我们希望年轻人在完成正规教育后能够做什么。我们希望我们的社会或世界变成什么样?必须有一个愿景,一个使命,一个需要解决的问题,以及一个行动。2016年夏天我参加了迪士尼卓越研讨会,了解到迪士尼在保持同样的使命的同时,也在不断调整自己对未来的愿景。如果失去了适应新形势的能力,迪士尼就跟不上时代了。然而,迪士尼品牌始终与其使命相一致,所以我们可以轻易识别并联想到它。当我们让学生们准备好应对这些具有人工智能新兴元素的领域时,需要让他们做好准备在一个不断变化、充满不确定性的地方茁壮成长。需要让他们知道,今天媒体上的头条新闻可能会和5年或10年前有所不同。你还记得第一章关于人工智能的寒冬的讨论吗?头条新闻与对人工智能的能力的过度承诺导致了幻想破灭和资金的减少。新的知识带来了新的挑战,引发了挫败感和困惑感。

那么,我们应该如何为年轻人在医学领域或技术领域的职业生涯做好准备,从而推动这些领域的发展呢?这些职业涉及数学、统计分析,以及以团队合作找到问题解决方案的能力。答案是包括设计思维和STEM的两种方法。

设计思维

从文学到工程等创造性领域的创新者都在使用一种被称为设计思

维的迭代过程来试验、测试想法,并完善他们的方法。通过学习这个过程,学生可以用它来解决遇到的任何问题。从学会同理心开始,然后定义问题、构思设计原型,接下来是测试、反馈和反思。使用设计思维的教室是一个高度结构化的环境,可以培养创造力。

了解 AI

- 观看针对设计思维的教师培训视频:youtube. be/qqM8lf3zfFo。
- 研究斯坦福大学哈索·普拉特纳设计研究所的网站,学习更多关于设计思维的知识:dschool. stanford. edu。
- 全球设计日(globaldayofdesign. com)关注学校运用设计思维的过程。其目标是激发世界各地学校的转变,将设计融入学生的日常实践中。在过去的两年里,来自四大洲超过 950 所学校的 10 万名学生参加了设计思维实践活动(Global Day of Design,2018)。

设计中的发散思维

人并非天生就是左脑模式或者右脑模式的思考者。人的大脑能够逐渐形成突破限制、建立连接的能力,从而想出新的解决方案。作为教育工作者,我们的工作之一是应该提供一种学习方法,帮助年轻人锻炼扩展大脑的潜能。布里格斯(Briggs,2014)指出,几十年的研究表明,当学生在早期教育中接触到发散思维方法时,他们会变得更有创造力——无论是当下还是日后长大成人。

了解 AI

> 观看 PBS 的纪录片《折痕之间》(Between the Folds, pbs. org/independentlens/betweenthe-Folds/film. html)，讨论在纪录片中看到的发散思维，以及思考艺术与科学是如何相互影响的？有哪些创造性约束的案例？

扩展项目

> 在故事叙述中使用创造性约束。兰顿预科中学的学生詹妮弗·费尔南德斯(Jennifer Fernandez)创作的电影就是一个很好的例子，她把对日本的研究与民间故事结合起来，并用折纸作了说明：youtube. com/watch? v＝VfT21Q3hlSI。

建立连接和流畅地说话是人类比机器做得好的两件事。在 UploadVR(美国一家关注虚拟现实的媒体公司)上刊登的一篇题为"人工智能和讲故事：一种不可能的友谊"的文章中，罗布·奥格登(Rob Ogden)谈到了人工智能与视觉图像和游戏的融合，可以为未来的故事讲述做些什么：

  人工智能可以将生命注入到无限的世界中，这将使 VR 成为真正沉浸式的平行宇宙，它可以也应该是如此。它用逼真且引人注目的角色填充这些世界，无论是单独游戏还是大型多人游戏，玩家都可以享受其中的乐趣。(Ogden, 2017)

我们需要从基础开始探索视觉图像并学习如何创造性地表达想法。

用纸和涂鸦学习

这是一种帮助学生训练发散思维的方法,是从苏珊·斯托克(Susan Striker)1978年出版的《反着色书》(*Anti-Coloring Book*)一书中得到的启发。可以在网上找到相关图像:tiny.cc/iif7wy。

学生:所有年龄段。我同教育工作者以及学生在培训中一起尝试过这一活动。

物品:有一个平面和一些可以留下痕迹的东西。这可能是一块泥土和一根棍子,也可以是一张纸和一支铅笔。

有用的提示:通过使涂鸦或曲线标准化,可以帮助每个学生观察有多少变化。

过程

第一种方法(或设计的第一次迭代)

1. 设计一个涂鸦或使用上面链接中的图像。

2. 和学生一起读或让学生自己读出提示:"一位著名的艺术家需要你的帮助。这位艺术家已经开始了创作,但因其拇指被蜜蜂蜇伤,所以需要你按照自己的喜好完成这幅画。"

3. 给学生完全的自由,不要给任何指示。

4. 展示完成的画,并让他们讨论看到的作品间有什么异同。

5. 提出一些问题如:

   a. 哪些作品让你感到惊讶或出乎意料?

   b. 哪些作品更接近你的预期?

   c. 如果再给一次机会,你会有何不同的做法?

6. 你可以选择在此刻结束活动,或者进行第二轮尝试。

第二种方法(或设计的第二次迭代)

1. 设计一个涂鸦或使用上面链接中的图像。

2. 举起它或放大图像以供全班观看。可以是在海报纸张或黑白智能板上的手绘,也可以是用数字墨水从设备投射到屏幕上的投影,还可以是与虚拟混合的现实。

3. 开始讨论,让学生快速理解这些涂鸦给的启示,或者思考作品看起来像什么。

4. 说明目标是创建用来隐藏曲线的图像或设计,这样那些从未见过最初绘图的人就不会知道它已经在页面上了。这就建立了第一个约束。

5. 解释什么是创造性约束,并观看 TED-Ed 的视频"创造性约束的力量": ed.ted.com/lessons/the-power-of-creativeconstraints-brandon-rodriguez。

6. 列出一个想法的协作清单(一些常见的概念可能包括河流、山脉、云、水坑等)。

7. 将页面旋转到一个新的方向,从纵向(垂直方向)到横向(水平方向),在另一个角度观察曲线,看看是否有新的想法。将这些信息添加到协作列表中,以便所有学生都能获取。

8. 询问学生是否可以将纸转成对角线。(答案是"可以的",目的是打破学生对纸张方向的预期模式,而曲线的方向和形状保持不变。)

9. 向大家说明保持每个人的曲线一致(原始图像的副本)有两件事会发生:(1)它是保持不变的;(2)它引入了第二个不能改变的约束。

10. 询问学生是否能够想出更多关于如何完成曲线的想法,并将其添加到协作列表中。

11. 如果学生开始练习如何成为创新设计者和创意传播者,那可以到此为止,让他们从列表中选择一个想法,只基于这两个限制条件来执行,并以对第一种方法的反思性讨论结束。如果这是他们的第二次迭代,那就继续尝试第三种方法。

第三种方法（或设计的第三次迭代，高阶版）

1. 第二种方法建议参照步骤1—11进行操作。

2. 一旦协作清单上的方案到了无人能提出任何可能性的程度，在整个列表上画一个大大的"×"，根据班级幽默感高低以及你们关系的亲密程度，或者班级的文化，可以简单地宣判此方案"出局"。

3. 对于如果这些想法不被允许，学生就没有其他可能的完成图像的方法，一旦学生克服了最初的震惊、紧张和抱怨等情绪，你就再进一步说明。所有已经产生的想法都非常棒，它们都将构建出一幅伟大的图画。我们是怎么知道的？因为它们是可预期的，并且相对容易想象，所有人都想出了好主意。但为什么他们会出局呢？为什么不让任何人采用这些想法呢？因为想让大家创新，挑战自我，去思考一些课堂上没有人想到的方案。

4. 让学生用3—5个可能的想法勾勒出缩略速写图，并在第二天回来将其展示给同学们。

5. 把速写图拿给同学们看并询问："最出人意料的是哪一幅？""理由是什么？"

6. 让学生根据反馈选择最喜欢的草图。

7. 在课堂上讨论整个过程，询问是否有同学与其他人有相同的想法。然后告诉大家没有两个图像是完全相同的。挑战学生，让他们想出一种新方法使他们的设计具有创意，而不与其他人的设计雷同。如果对于谁最先提出的这个想法存在争议，可以让学生自己寻找解决争议的方法，或者互相帮助想出一个有足够变化的新迭代设计，使之看起来与前者不一样。

8. 让学生基于他们选择的概念起草一个设计，并在房间周围展示所有的图像。

9. 引导大家在画廊里安静地漫步。当学生们在房间里走来走去观看所有的设计时，寻找吸引他们注意力或使之惊讶的事物。

10. 让全班学生做一个汇报,讲述哪些东西引起了他们的注意或让他们感到惊讶,以及为什么。这能帮助学生学习沟通和协作的方法,并以积极的方式提出批评。

11. 询问学生哪些激发了他们的新灵感,如果有机会,他们是否会重新设计一些内容。

12. 询问学生哪种设计最有效地将原来的图案融入了其中,以至于在页面上似乎找不到原始的图画线条。讨论是什么使这成为可能。(可以用深色笔继续绘制线条或改变线条的粗细。)

13. 给学生一个机会,根据反馈意见重新起草设计,并把从画廊漫步中学到的东西整合进去。

14. 作为最终草稿的限制,可以考虑让学生退后一步,从远处观察自己的图画,来审视美学和大胆之处。询问学生是什么吸引了他们的眼球并在远处格外显眼,并追问为什么。它可能是大胆的颜色,大胆的形状,图像的位置,或一个很意想不到的设计。让他们思考需要怎样才能让自己的设计在最终的版本中脱颖而出。

我和学生多次实践了这一过程,并改变了时间限制、材料限制(只使用钢笔,允许使用不同的颜色和媒体,也可以使用数字墨水扫描创作)。一名学生提出班上是否可以增加一个额外的限制条件,因为当时是12月,所以全班投票决定了一个冬季或圣诞节主题。于是这个班级开始了第三种方法的尝试过程,提出了一个以冬季为主题的协作列表,然而此方案也因为一些学生找到了漏洞而最终被淘汰出局,但他们在挑战的极限中获得了很多乐趣。通过以下视频可以观看这些11—15岁青少年的最终设计方案:youtube.be/skUtiU5YYoE。

视觉思维：在机器学习中支持设计思维的策略

无论你是否认为自己是艺术家，你都可以使用已经创建的并且教师可访问的资源来帮助指导学生的视觉思维策略（visnal thinking strategies，VTS），以支持 STEM、STEAM 和设计思维。

探索 VTS 以培养仔细观察、灵活思考、认真倾听和协作的能力。VTS 不需要使用计算机，但它可以包括图像搜索。先从杂志、摄影、教科书、儿童图画书或广告中找到的图像开始。VTS 基于三个主要问题，以图像为基础开始与学生讨论：

1. 这幅图中发生了什么？
2. 什么让你有这种感觉？
3. 我们还能发现什么？

VTS 可以帮助学生建立联系。可以在 vtshome.org 上阅读更多关于视觉思维的研究和理论。

所有这一切都与人工智能的教学方法有什么联系呢？前面提到，要使用人工智能，机器需要大量的数据。其中一种信息是图像信息，被称为计算机视觉。使用手机或照相机进行数码摄影与计算机视觉完全不同。近50年来，计算机科学家一直在试图帮助计算机理解图像。相关的研究已经让计算机能够追踪手和整个身体；生物识别技术能够解锁手机和电脑屏幕；面部识别软件如中国的一些技术等在中国的街头（Anwar，2018）和教室（Chan，2018）中跟踪人像；以及自动驾驶汽车能够感知周围的环境（Crash Course，2017）。

计算机视觉（computer vision）正在试图打破语言障碍。现在语言翻译器可以通过拍摄输入字符的图像，再借助计算机视觉和自然语言处理实现从图像到语言的跨越。

翻译和可视化的思维

下载微软翻译应用程序（translator.microsoft.com），并使用软件将本章"启幕"下面的一行日语翻译成英语（或另一种语言）。与日语下面的英语俳句相比，你认为这是什么意思？茶杯怎么能成为一种人工智能教学方法的象征呢？探索其他翻译选项，包括在一个演讲者做展示时为其演示文稿创建实时字幕。为便于理解，它可以使用相同的语言，也可以使用不同的语言。基于此，演讲者正在成为创意传播者和全球合作者。

看看这个到西雅图艺术博物馆实地考察的学生作品示例，它结合了文化、艺术、历史、技术和视觉思维策略：sway.office.com/5LKP2LhyoDfVO4pd。

看看学生们是如何将艺术、文化、历史、传统研究和人工智能结合起来，并通过人工智能为在2018年9月访问过伦顿预备学校的日本国会（立法机构）成员和研究人员制作礼物的。他们记录了自己的创作过程，并使用人工智能工具来支持他们从文档到交流的创造性构建，然后使用自然语言处理使他们的思维对于日本的其他人而言是可视的。自然语言处理技术仍在发展中，也并不完美；以日语为母语的人表示，目前翻译的准确率约为70%：sway.office.com/uox9YPUJ0mQx6Vwj。

STEAM 与艺术

美国国家科学基金会描述了支持 STEM 学习的艺术方面，这些方面事实上也是 STEM 学习一部分，它们包括"借鉴视觉和图形思想、即兴创作、叙事写作，以及使用创新的视觉信息显示来创建视觉路线图的过程"（Edger，2017）。值得注意的是，STEM 的每个领域都以某种方式结合了艺术。约翰·梅达（John Maeda）——罗德岛设计学院 2008—2013 年的院长——曾断言艺术（包括文科、美术、音乐、设计思维、语言艺术）是创新的关键成分，在适当的时候，学生在 STEM 中学习的艺术及设计相关技能和思维过程应被整合进去（Gunn，2017）。

设计只是在处理 STEM 主题时，艺术如何发挥作用的一个例子。想想机械工程师、物理学家甚至数学家的工作——设计艺术是这些专业人员在工作过程中表现的重要组成部分。在《教育乌托邦》杂志上的一篇文章《全力推进 STEAM：为什么艺术在 STEM 教育中是必不可少的》中，玛丽·贝丝·赫兹（Mary Beth Hertz）写道：

从软件工程师和航空航天技术人员，再到生物技术工程师、专业数学家和实验室科学家，每个人都知道，建造伟大的事物和解决真实的问题需要创造力。越来越多的专业艺术家正在将科学、技术融入到他们的艺术中。（Hertz，2016）

越来越多的教育工作者把代表艺术的"A"加入到教育中，把 STEM 转变为 STEAM。把艺术整合到教育中可以帮助 STEM 专业人士创造性地思考——例如，考虑实验如何建立在同理心和伦理之上。

我们一直被告知，人们要么是有创造力的、艺术的和语言的，要么是严谨的、数学的和科学的。一个类似的神话一直流传着，即人们要么是右脑，要么是左脑。事实上，大脑的两个半球是统一的。神经科学家知道，并且研究已经证明左右脑都会参与到数学运算过程中（Lombrozo，2013）。

约翰·梅迪纳（John Medina）在《大脑规则》（*Brain Rules*，2008）一书中提出，所有大脑的连接都是不同的。研究表明，你所做的以及你在生活中经历和学习的东西——事实上会重塑你的大脑。不同人的大脑的不同区域会以不同的速度发展，并以不同的方式存储信息。此外，研究表明，智力测试并不是显示智力的万能方法（p. 70）。这对学生面临即将到来的AI世界意味着什么？这意味着，当我们为学生提供丰富的经验时，他们的大脑将自行发展路径，并尝试建立联系，从而迸发出新的想法和问题。

除了我们的计算机视觉知识，艺术也是学生适应未来的人工智能的一大助力。我们看到了皮克斯在动画中如何使用人工智能，并且也可以看到更多关于学生如何利用盒子里的皮克斯（khanacademy.org/partnercontent/pixar）来学习STEAM。

另一个应用程序——Adobe Sensei将人工智能和机器学习用于创意智能，或理解图像、插图和动画的语言（adobe.com/sensei.html）。Adobe Sensei是Adobe云平台的一部分，是可以搜索并理解大量的内容来帮助构建工作流程的应用程序。这对未来意味着什么？图像搜索和图像处理将变得更快、更容易。但是该软件仍然不会为你创建内容。Adobe首席执行官山塔努·纳拉延（Shantanu Narayen）引用Adobe Sensei网站的话说："机器学习正在改变技术的每一个方面，但没有机器能够模仿人脑的创造力。"

了解AI

> 阅读并了解Adobe Sensei是如何通过人工智能放大人类的创造力的：tinyurl.com/y72zqnuh。

机器是否能够欺骗人类相信他们看到的创意产品是由另一个人创造的，关于这个问题仍然存在争论。对此人们已经做了一些探索，如使用人工智能创作十四行诗、俳句诗歌和音乐作品。根据TED-Ed的一次演讲，几代人一直在弄清楚机器人是否具有创造力。

扩展学习

  观看 TED-Ed 演讲"机器人能否变得有创造力":ed.ted.com/lessons/can-robots-be-creative-gil-weinberg。

  浏览 Magenta 博客,了解 Google 在素描和视觉方面的工作设计:magenta.tensorflow.org/sketch-rnn-demo。

  使用 Magenta 机器学习制作音乐和艺术:magenta.tensorflow.org。

  测试你能否辨别诗歌是机器写的还是人写的:tinyurl.com/y9oubwuj。

  探索日本的研究人员是如何试图利用计算机视觉从图像中创作俳句的:tinyurl.com/y8lskyxd。

  虽然机器擅长数学概率的推算——例如,AlphaGo 在围棋游戏中击败了人类——但它们在应对像 STEAM 这样更主观的问题时,却面临困难。在 2018 年《日本时报》的一篇文章中,作者说:"人工智能软件通过计算数学概率选择它认为的最佳走法,从而击败了顶级将棋和围棋选手,但在诗歌中没有绝对的对与错,这意味着系统很难判断其作品的质量。"根据西雅图围棋中心教练迈克·马尔沃克斯(Mike Malveaux,个人通信,2018 年 7 月 8 日)的说法,寓言是学习玩游戏时训练的一部分。虽然人类对寓言的反应很好,但机器却不会。所以机器玩游戏的方式与人类是不同的——事实上,有些人正在使用人工智能来学习人类技能中的非典型性动作。马尔沃克斯说,尽管机器已经能够在围棋游戏中击败人类,这比围棋领域中的大多数人预期得要快,但有些机器却惨败,因为它们不能把所学的策略从一个场景迁移到另外的多个场景中。这样的结果是游戏中的美学元素丢失了。

图 3.6 尝试与围棋机器人对战：playgo.to/iwtg/en/

STEM 学习情境下的 AI 教学

尽管科学家可能会就科学方法的过程达成一致，但专家们都认为如果学习科学时脱离技术、工程和数学，就不能为学生未来的职业做好充分的准备，他们需要将这些学科串联起来实现创新和成功。以一种有意义的方式结合科学、技术、工程和数学，允许学生应用它们学习，这种学习就是 STEM。STEM 学科提供了合适的案例和机会，让学生更好地适应快速变化的技术环境。

美国教育部致力于推进 STEM 学习，并提供联邦资源，以"协助教育工作者实施有效的方法来改善 STEM 教学；促进在全国范围内传播和采用有效的 STEM 教学实践；并推广 STEM 教育经验，优先考虑动手学习以提高学生的参与度和成就"（美国教育部，日期不详）。

一些机构和公司也在合作推进 STEM 教育。阅读麦克米伦学习公司（Macmillan Learning）和《科学美国人》在 2017 STEM 峰会上围绕 STEM 和 AI 所做的工作。

麦克米伦和《科学美国人》STEM 峰会 5.0

由于人工智能在教育和学术领域有着天然的归属感,所以我们已经看到许多教育公司开始接受并探索这项技术,这并不令人吃惊。

事实上,人工智能是麦克米伦学习公司与《科学美国人》举办的 2017 STEM 峰会的亮点。这次年度峰会由麦克米伦学习公司总经理苏珊·温斯洛(Susan Winslow)和《科学美国人》主编玛丽埃特·迪克里斯蒂娜(Mariette DiChristina)共同发起,它汇集了教育和研究界的政策制定者、思想领袖和商业伙伴。演讲者和讲师们讨论当前的技术趋势将如何影响与改变 STEM 教育的未来,因为人工智能在过去的几年里已经成为一个热门话题。

温斯洛解释道:

我们发现,STEM 峰会是教师和决策者讨论人工智能可能给学习体验带来的风险、挑战和可能性的理想环境。教师们分享了他们对被人工智能取代的担忧,我们也讨论了今天在课堂上发生的一些惊人的事情——比如聊天机器人帮助教师回答学生提出的一些基础的和不断重复的问题,这样他们就可以利用办公时间来解决更复杂的问题。我们还讨论了在数字化学习路径中,人际互动的重要性。我们探索了数据映射在学习过程中发生的所有细微差别的真正挑战(不仅仅是简单的评估),以及为什么人工智能很难展示真正的学习收益(在这个时候)。

2017 STEM 峰会的演讲者包括阿肖克·戈尔(Ashok Goel)、卡森·卡恩(Carson Kahn),以及苹果、脸书和高盛的高管,其中阿肖克·戈尔是佐治亚理工学院计算机科学教授、美国人工智能协会期刊《人工智能》杂志的主编;卡森·卡恩是 Volley.com 的创始人和 CEO,Volley 是一家硅谷人工智能公司,从扎克伯格风险投资公司、TAL 集团(NYSE:XRS)以及

Reach Capital(美国一家教育科技投资机构)获得了 530 万美元的种子融资。演讲者还包括苹果公司、脸书以及高盛公司的执行官们。

在 2017 STEM 峰会中,戈尔做了题为"Jill 和朋友:在线教育的虚拟导师"(youtu. be/K-9qLZ2qdAk)的演讲,他分享了创建人工智能助教 Jill,以支持其人工智能在线课程教学的经验(Leopold,2016,tinyurl. com/y9wlacu9;Gose,2016,tinyurl. com/z2zpqek)。他使用 IBM 平台 Bluemix 创建了助手,该平台使用 Watson 和其他 IBM 软件来开发应用程序。输入了来自四个学期数据的 40 000 多个问题和答案,并在与学生使用的问答论坛相同的问答论坛中对生成的程序进行了测试和培训。当她的回答准确率为 97% 时,戈尔认为在他的 2016 年春季 AI 课程上,Jill 已经准备好了(Leopold, 2016)。

戈尔最初并没有告诉他的人工智能课程中的学生,他们的助教实际上是人工智能。这段经历给他提出了一个意想不到的伦理问题,这些问题值得探索和考虑。

观看阿肖克·戈尔的谈论 Jill 以及如何使用 AI 来扩展个性化学习的 TED 演讲:youtu. be/WbCguICyfTA。

STEM 和用种子讲故事

当人们看到首字母缩略词"STEM"时,可能并不知道它的含义,它会让人想起植物的茎。种子和植物代表成长和新生命,它们经常出现在插图和文字图片中。下面的案例研究将包括一些来自世界各地的谚语,以说明这些谚语教学是全球通用且长久存在的。谚语、俗语、故事和教学本身可以构成一个完整的基于项目的学习经验，让你可以深入研究语言学、世界上不同的语言、地理、社会研究以及 STEM。你可以问你的学生学习是否像开始播下一粒种子。当你谈论"种子"这个词以及它如何在不同的语言中表示时（图 3.7），你可以讨论自然语言处理以及计算机如何识别单词和含义，并将其翻译成人工智能可以识别的方式的。学生可以开始研究交流以及如何从一个小的思想开始传播思想以促进社会发展。一旦他们知道了如何有效地传达他们的想法，他们就在播下可以生长的思想种子。他们可以讨论与电影《机器人总动员》有关的种子类比，探索电影中的植物代表什么，以及"种豆得豆，种瓜得瓜"之类的说法如何与电影更深层次的主题联系起来。

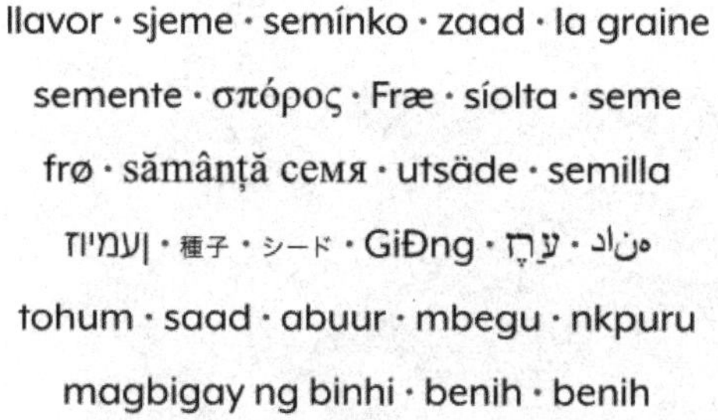

llavor · sjeme · semínko · zaad · la graine
semente · σπόρος · Fræ · síolta · seme
frø · sămânţă · семя · utsäde · semilla
עמיט‎ · 種子 · シード · GiĐng · עָרָה · ناد
tohum · saad · abuur · mbegu · nkpuru
magbigay ng binhi · benih · benih

图 3.7　不同语言中"种子"的表达方式

苏茜·宋（Susie Sung）最近完成了她使用 STEM、基于项目的学习和设计思维教 6 岁孩子的第二年教学。而就在前一年，她教的是 9 岁和 10 岁的孩子。她评论了她在不同年级之间过渡时所经历的陡峭学习曲线，并表示她有时也会感到不知所措。有些时候她认为自己没有成功，或者没有能力从她习惯的教学风格转变为一种截然不同的指导性学习方式，甚至考虑过第二年不用这种学习方式教学。虽然有一些教育工作者迫于一种安全感需要，只想教一个学科领域或一个年龄水平，但苏茜愿意去采用灵活的方式。2018 年 2 月，她与西北计算机教育委员会（tinyurl.com/yc9kbcyq）的教育工作者小组讨论了这个主题，表明刚接触这种学习的教育工作者即使一开始不自信，他们也可以做得很好。作为一名教育工作者，了解她所面临的挑战、挫折和脆弱性，可以为那些第一次尝试的人提供有价值的见解。

苏茜向一年级的学生分享了她教水循环的过程。这些学生还使用 Paint 3D 与幼儿园班级合作（education. microsoft. com/courses-and-resources/resources/3）。

案例研究：水循环装置

华盛顿伦顿基督教预备学校的苏茜·宋

"有心栽花花不开，无心插柳柳成荫。"——中国谚语

我们首先观察分子在不同形态的物质中的不同之处。学生们通过组合豆子来代表不同状态下的分子：固体、液体和气体。这使他们能够用手移动物体，并在一个协作的空间中相互谈论它，这是社会文化学习的一个例子（Vygotsky，1989）。

图 3.8　幼儿园和一年级的学生使用豆子代表不同的分子

有趣的是我们可以通过估计硬币上有多少水滴来观察水的独特特性。我把数学单元中关于金钱、理解价值以及估计概念的学习与这堂课联系起来。

学生们在 Paint 3D 上创建了水循环，然后我们还用纸质材料模拟了水循环，并将这些部件粘在纸板上。首先在 Paint 3D 上使用触摸屏设备建模，以帮助指导他们在纸上建模。技术允许他们可视化地设计水循环，并且在解决问题时不用担心在纸上"搞砸"而不得不擦掉并重新开始。仅仅在屏幕上点几下就立刻可以看到它就像一个水循环，这也会很容易让人感到满意。

图 3.9 纸碟子上面的水循环

我们将湿纸巾和种子放在可封闭的塑料袋中,观察其在窗户边接受阳光照射后的变化。我们讨论了植物生长需要的条件,然后观察,并在 Fresh Paint(tinyurl.com/y9ea7g6t)中画出我们的发现。这是观察过程的一部分,需要记录变量,并记录研究结果。

我们最后的项目是让孩子们构建一个控制实验,选择一个植物生长所需要的东西,然后再去测试它。例如,植物需要水,一些学生把水加入到装有种子的一个杯子里,而在另一杯种子里加苏打水。植物需要土壤,所以有些学生选择把沙子放到一个盛有种子的杯子里,而把土放到另一个盛有种子的杯子中。这样他们了解了变量,并明白了在使用科学方法时保持变量不变意味着什么。他们在触摸屏设备上使用 Fresh Paint 记录了他们的发现。

接着学生运用技术在 Sway 中创建他们的演示文稿。Sway 允许学生在运用程序为他们设计版式时只关注内容。他们可以轻松拖放该程序根据他们输入的单词和主题推荐的内容。Sway 中有一种机器学习算法,可以让我的班级能够独立完成演示文稿的创建。在机器学习的帮助下,他们关注观点的交流,我也可以把时间集中在对话和支持上,而不是帮助他们设计一个完美的项目。Sway 搜索来自 Creative Commons 的图像、视频和描述,这意味着它们不受版权使用的限制。学生

> 可以自由地创造和展示他们的发现。
>
> 　　玛利亚使用 Fresh Pain 能够保存她的数字墨水观察图,并将图像放入一张媒体卡中,以便在她的最终演示文稿中捕获她的作品。当玛利亚按下播放键时,她就有一个可以在移动设备上分享的数字作品。在 sway.com/H4AA16j8ZmQ0Scrl?ref=Link 上可以观看玛利亚的 Sway 作品。

　　"总有一天,种子会发芽。"——俄罗斯谚语

　　如果苏茜放弃了新的教学方式,或者她没有接受一年级的教学挑战,并通过跨年级的教学挑战,这些孩子就会错过这里所记录的丰富学习。现在这些孩子的种子发芽了,他们的学习也开始茁壮成长了。

　　"我们的榜样就像风雨中的种子,它们传播得很远、很广。"——尼日利亚谚语

　　苏茜努力记录她的工作和进步,捕捉她的学习过程,展示她作为一名教育工作者成长背后的故事。与此同时,她通过拍照、录制视频和收集作品来为学生记录学习过程。她教他们如何通过照片、速写和用铅笔写作来记录学习过程,这样当他们讲述探索水分子、植物和科学方法的故事时,可以可视化地呈现出来。今天苏茜班上的孩子将在 2030 年毕业。

如何看待这一单元中的 STEM

　　以多模态的方式学习跨领域,包括用手、演讲和讨论、写作、物理表征及 Paint 3D 建模,观察生命在真正的种子中成长,然后使用科学方法进行实验。在此处可以观看另一个学生的视频:youtu.be/geF0D7Vl9SM。

　　以下是 STEM 在这个单元中发挥作用的一些方式。

科学：水分子，水循环，植物生物学，科学方法

技术：研究，Fresh Paint，Paint 3D，数码摄影，Sway

工程：解决问题，设计思维，观察，建模

数学：估计和货币，Paint 3D 中创建水分子所运用的几何模型

展示 ISTE 学生标准

本课中的学生通过以下方式展示了 ISTE 学生标准：

● 当他们利用技术在学习科学的指导下，在选择、实现和展示学习目标的能力方面发挥积极作用时，他们成为了有能力的学习者。

● 他们认识到在互联的数字世界中生活、学习和工作的责任与机会，并以安全、合法和合乎道德的方式行事与模仿，然后成为数字公民。他们在 Sway 的支持下确保他们的内容是知识共享的（Creative Commons，是一个非营利组织，该组织提供同名的一系列著作的许可方式，即知识共享许可协议）。

● 他们是知识建构者，他们使用数字工具批判性地管理各种资源，制作创意作品，为自己和他人创造有意义的学习体验，因为他们的学习已经成为其他教育工作者在专业会议上的榜样。

● 他们成为了创新设计者，作为六岁的孩子，他们通过在设计过程中使用各种技术，创造新的、有用的或者富有想象力的解决方案来识别和解决问题。

● 他们通过运用理解和解决问题的策略来练习计算思维，并利用技术方法的力量来开发和测试解决方案。

● 他们创造性地运用适合他们目标的平台、工具、风格、格式和数字媒体进行交流实践，这些工具从 Fresh Paint 和 Paint 3D 到 Sway。

● 他们通过使用数字工具与他人合作并在本地团队中开展工作来拓宽视野，丰富了学习经验，从而很早就成为了全球合作者。但他们几乎不知道他们的工作将扩展到全球，影响来自世界各地的教育工作者。这样他们可以教给我们这些成年人他们通过 STEM 和基于项目的学习

所获得的能力。

下一代科学标准

有时,教育工作者、家长或管理人员会担心STEM或类似的项目学习不能涵盖教科书的全部内容。但是这个取决于你如何设计课程,以及你是否记住了最终目标。《下一代科学标准》(Next Generation Science Standards, NGSS)旨在帮助保持将学习目标放在最前沿。他们试图构建一个结合多个科学领域,以及识别如语言艺术和交流等技能的远大图景。

查看标准《1-LS1-1从分子到有机体:结构和过程》,因为它与苏茜的水循环单元有关:tinyurl.com/y8u5az3h。它包括科学和工程实践、学科核心思想和横切概念。

基于项目的学习

随着技术的发展,新的教育形式正不断涌现出来。自适应软件允许学生在在线课程和数学方面更快地进步。双注册项目允许学生重叠高中和大学的学习,以实现非传统的教育轨迹。如果人工智能可以比人类更快、更准确地为我们提供内容,那么教育将会如何改变?

以16岁的米娅·布里特(Mia Britt)为例。她在一个多年龄段的环境中与我的中学和高中同龄人中度过了四年。我对她的同龄人的目标之一是让他们为早日进入当地社区大学做好准备,在那里他们是双注册在高中和大学的。通过入学考试后,他们的大学学费由华盛顿州支付。到高中四年级时,他们将完成大学的前两年的课程,并获得艺术和科学副学士学位以及高中文凭,这样他们可以在18岁时转入具有大三(三年级)的大学。我为12至16岁的学生设计了更类似于大学水平的研究生课程,他们对自己的学习负责,确定问题,让学习内容符合标准,并共同设计他们的基于项目的学习经验以及评估标准和量规。创建这样一套非传统评估并准确评估自己的工作,要求学生成为知识建构者、赋能学习者、创意设计者、计算思维者、全球合作者、数字公民和创意传播者。

为了展示他们的知识,学生们有很多机会与行业专业人士交谈,并就新开发的技术提供反馈,与父母一起回顾他们的作品集,以解释他们的学习过程,并在美国各地的专业会议向教育工作者讲述。在讨论年轻人在完成正规教育时能够做什么时,倾听学生的声音非常重要,所以我邀请米娅来介绍基于项目的学习,以便那些可能不熟悉它的教育工作者或希望看到学生对基于项目的学习的看法的教育工作者更好地了解这种教学方法。

学生看法:米娅·布里特

基于项目的学习是一种针对一个项目的教育方法(面向个人或团队),通过诸如图形设计、各种媒体、短视频、小品等概念来展示学习的过程。

基于项目的学习并不能替代你学习所要接受的传统测试,但它为学生增加了另一个维度,一种新的学习方式。通过不同的项目,有创造力的学生可以学习到重要的信息,而不是一个学生在前一天晚上为了考试而学习大量信息,之后却什么都不记得了。

由于项目不同于传统的测试并且有更多的组成部分,学生必须思考更多的概念。这就促使我们成为计算思维者和形成批判性思维能力。没有人在每一步都告诉我们答案,所以我们需要学习技能来识别问题并制定解决问题的计划。我们学会识别我们需要研究的主题,以获得我们需要的信息,使用技术找到有用的资源,然后应用我们所学的来解决问题。创造力培养是基于项目的学习的一部分。我们需要达到这个目标,但我们可以选择如何实现这个目标。

虽然基于项目的学习有很多积极的方面,但也有一些缺点:

- 创建太多的项目可能会有较大的压力。
- 如果学生没有实践或不熟悉基于项目的学习,他们可能会承受较大的学习压力,从而想要放弃,特别是那些习惯于背诵以获得好成绩并把这视为成功学习的人。
- 在项目和考试之间应该保持平衡,这样学生们就不会忘记如何平衡它们。
- 教师应该帮助管理团队成员。如果没有恰当的实施方法,一些团队成员可能会让其他人做所有的工作,而不是自己学习。
- 灵活性很重要,但不要给学生太多变通,需要给他们一些约束。
- 技术问题可能让人感觉沮丧,但由于技术不完善,它仍在开发中,所以这些问题必然会发生。

创造性约束

正如米娅所说,太多的灵活性并不总是有帮助的。在现实生活中,项目可能受到多种因素的限制。要实现一个目标,我们需要给出一些要求和限制。学生们需要尽早实践以便意识到约束是发现和发明的驱动因素。观察关于创造性限制的TED-Ed视频:tinyurl.com/y827k46c。

81 我从哪里开始?

这里有一些资源可以让你开始基于项目的学习。你可以在

cultofpedagogy. com/project-based-learning 上阅读更多关于基于项目的学习的信息。

> 选择一个主题。例如：
  - 纸树项目：youtu. be/ypd8lDhPxQo。
  - 幼儿 STEM：三只山羊嘎啦嘎啦：儿童文学和 STEM：youtu. be/_i5pZLj84yI。
  - 植物的生命周期：STEAM 和数字动画：youtu. be/geF0D7Vl9SM。
  - 斯宾诺迪诺（SpinoDino）：说唱、音乐、古生物学、历史、语言艺术和视频制作：youtu. be/B-ro1TOElrQ。
  - 小书计划——小王子：讲故事和数字素养：sway. office. com/dTo7zMhK6w1Br2Cb。
  - 原住民双重曝光：数学、艺术、文化和技术：sway. office. com/CCTzmRrQ9LPyBROA。
  - 逻辑和论证：sway. office. com/PbVMBRHCSyFa8e7rz。
  - 图形网格图片：科学、技术、工程、艺术、数学：sway. office. com/0sO7CNLVWIhhGPIJ。
  - 庞贝古城和西雅图：历史、社会研究、地理、艺术、科学：sway. office. com/hJeH7sAFxpsTBRzBz。
  - 困扰和物理：物理、游戏和指导：sway. office. com/jqJyNiScemHNOY64。
  - 向成人解释 STEM——一个合作项目：sway. office. com/Oi1OeB0MvLxakiyv。

> 对这个话题进行公开的讨论（举手，写下问题并与小组分享）。

> 让学生选择一个大的主题作为他们项目关注的内容。例如，在上面的纸树项目中，大的主题是在建造西班牙巴塞罗那的圣家堂等结构时，自然如何影响建筑工程的选择。它还可以影响计算机动画，例如皮克斯使用抛物线的近似值来帮助模拟逼真的草叶。在儿童文学和 STEM 项目中，主题是重造来自《三只山羊嘎啦嘎啦》的桥。在斯宾诺迪诺说唱中，在关于棘龙发现的国家地理现场，学生直播秀成为主题，每个

学生选择他们如何融合多个主题来展示学习。在庞贝项目中，主题是火山，以及比较意大利庞贝和华盛顿西雅图这两个港口城市。

➢ 给学生指导；教他们如何创建自己的量规，这样在项目到期和评估时他们就不会感到意外。学生可以对最终标准进行投票，并要求彼此负责。他们不能责怪老师，因为他们帮助制定了评价标准。

➢ 向他们介绍新的工具，如 Sway（sway.com）和微软翻译（translator.microsoft.com），并让他们学习这些工具，作为他们基于项目的学习的一部分。

我们已经知道，在特定领域，机器能够比人类更深、更快地进行海量处理。但机器并不擅长将知识从一个领域迁移到另一个领域。这正是你可以帮助你的学生掌握的能超越机器的能力。网上有许多卓越的设计思维、基于项目的学习和 STEM 资源。将这些思维方式与道德考虑相结合对于培养全面发展的学生至关重要，他们正在为现在和未来人工智能日益增多的世界做好准备。

总之：不要相信任何人的话

早些时候，我们注意到要确定教授一个正在发展中的内容领域的路径或方法具有一定的挑战性。我们把理论科学概念作为事实来教授，让学生记住它们，并测试他们的记忆力。在华盛顿大学的人类学和医学预科课程中，我询问了如何研究某些理论，因为多个来源提供了不同的答案，而且这两个答案都出现在多项选择测试中。直到大学，我才意识到一些事情发生变化是因为它们是理论——尽管有强有力的支持——而不是事实。然而，在这个问题之前，没有一位教育工作者解释过我所记住的是我们当时掌握的最好的信息，或者随着更多新知识的发展，事情可能会发生变化。

最近，神经科学的新发现与我在大学里花费数小时记忆的东西相矛盾——我所理解的知识是事实。作为一名教育工作者，我决定帮助我的学生开始质疑似乎是事实的东西。即使是在理解一个事实和一个有证据支持的理论之间差异的微小改变也可以帮助学生更深入地思考并学会质疑。从历史来看，我希望学生能够理解多个视角，并意识到谁讲故事会影响如何将某件事确定为事实。在科学中，我们所知道的都是基于支持这一主张的证据。我希望学生探索有争议的话题，听听其他人如何质疑和挑战，然后我让他们评价这些主张。如果他们提出一个主张，或者选择相信某个主张，我希望他们用证据支持他们的主张。如果他们在网上读到一些东西，我希望他们不仅要质疑事实，还要质疑来源、潜在的偏见，甚至是权威。

如此多的教育训练学生接受信息而不是质疑，记住事实并相信权威，因为权威人士经过训练，并且比学生拥有更多的知识。然而，正如我们所看见的，机器正在迅速超越人类对大量数据进行分类的能力。这意味着在机器搜索功能的帮助下，一个没有经验的人可能会发现一个权威人士可能还不知道的新信息。这并不意味着我们作为教育工作者的工作已经过时了。这意味着我们需要转变我们的教学方式，而不仅仅是为了包括智能机器在内的未来教学。我们需要教我们的年轻人去质疑权威。

质疑来源的练习

告诉你的学生质疑来源很容易。这种感觉就像是成功完成了关于评估资源而不是相信你所读的一切的教学课程——直到你尝试一种不同的"测试"。这个活动可以启发并帮助发起讨论。能够质疑是评估媒体和获取知识的重要组成部分。

步骤

1. 给学生提供以下链接：zapatopi.net/treeoctopus。
2. 告诉学生，他们的任务是带着他们从上面的文章中学到的三件事回来，然后在课堂上进行讨论。

3. 你可以创建一个在线表格让学生填写，或者让他们把反馈写在一张纸上。

4. 告诉学生，他们可以选择只使用你提供的资源，或者基于自己的资源进行研究。

给教育工作者的剧透警告：你正在引导学生去访问太平洋西北部的树章鱼恶作剧网站。快速搜索后的结果是学生能认识到这是一个骗局。

学生要讨论的问题

➢ 你们中有多少人选择关注我提供的链接？为什么？
➢ 你看到的东西中最让你惊讶的是什么？
➢ 你从这次经历中学到了什么？
➢ 下次你的做法会有什么不同？
➢ 除了我提供的链接，你们中有多少人选择做自己的研究？为什么？

实施提示

故意让任务变得模糊：展示你学到的三件事。为什么？你想要给学生机会来练习质疑信息和它的来源。作为一名为10至13岁创建此评估的教育工作者，我非常期待我的学生带着笑声回来告诉我这个网站是多么荒谬。毕竟，我们住在太平洋西北部，虽然我有超过90%的学生的父母并不出生在美国，但他们至少有一半出生在该地区，那里有很多松树。当我读到他们学到的三件事时，我不知道该笑还是该哭："我了解到章鱼实际上可以生活在松树中，我以前却不知道。""我不知道有一个组织可以帮助拯救濒临灭绝的树章鱼，我们应该加入这项事业,筹集资金帮助这些濒临灭绝的动物。""我不知道这些章鱼的交配习性,我以前一直认为它们生活在水里而不是树上,但今天我学到了一些新东西。"

没有一个学生写出我希望看到的或者我期待的答案。我想要的答案应该包括(无特定顺序)以下任何内容:

(1) 我了解到恶作剧网站看起来很专业。

(2) 我了解到做自己的研究很重要。

(3) 我了解到如果有人给我一个链接,这并不意味着所提供的信息是准确的。

(4) 我知道当一个老师问我学到了什么时,并不一定意味着要报告事实;我还可以学到其他的东西。

(5) 我了解到问自己和其他人关于我所读到的内容的问题是很重要的。

(6) 我了解到,即使我从经验中知道,也很容易被媒体愚弄。

这个挑战旨在帮助学生在一个模棱两可的地方练习调查,并质疑、研究和理解什么才是学习。

在与秀藤(Hidekazu)的私人谈话中,他描述了他们在学校里使用的一个短语:

心のコップを上にしよう(让我们举起我们心中的杯子)

立命馆小学教育工作者重视的传统理念是"倒置的杯子不能装满东西"。如果一个学生把他们的比喻杯正面朝上,这会让他们接受知识、理解,甚至是爱或尊重。这个想法适用于生活和人际关系的各个方面,无论是本地的还是全球的,因为他们教孩子成为具有全球意识的公民。他们的使命清楚地表明了他们希望他们的年轻人在完成正规教育后能够做什么。他们的目标不是让年轻人为机器人付出艰苦的努力;相反,是让学生学习如何保护他们的环境。

他们学习关于自己的文化、历史、价值观和伦理,通过课堂游戏接受了基于项目的学习和 STEM,了解联合国教科文组织的世界遗产,并与世界各地的其他人分享他们的感受。学生之间建立联系和交流,学习彼此的生活。

这一章是关于人工智能教学方法的,开始讲述了一所教授茶道的学校传达"修旧如旧"的理念,同时期待未来学生们可以超越自己的地理界限。立命馆小学的学习方法是让学生做好准备,以更人性化的方式运用人工智能,无论他们是否有此计划。连接多个领域,融合思想和概念——人工智能不能像人类那样迁移学习。在这个日益复杂的世界里,立命馆小学保持着一种平衡,回归和谐(和 wa)、尊敬(敬 kei)、纯洁(清 sei)和宁静(寂 jaku)。茶道是尊重人际关系的活动,有这样一种哲学理念的支持,即每一次聚会都应该珍惜,因为每个时刻都是独一无二的,无法重现的。

作为一名教育工作者,你有机会开发一种教授人工智能的方法,在这种方法中,你重视与学生在一起的每一刻,知道它是独一无二的。伴随而来的或是失败,或是成功,或是小小的成就,抑或是对学习具有深远影响的却又意想不到的时刻。这才是你具有的超越机器能力的才智。

第四章
人工智能如何支持学生学习

用故事讲述和 AI 开拓视野

剧中人
卡米尔·梅尔卡多(Camille Mercado):13 岁的学生
米歇尔·齐默尔曼:作家和教育家

场景
中学生卡米尔与她的老师米歇尔共同出席在加利福尼亚州圣地亚哥会议中心举行的 ISTE 2012 会议。

时间:2012 年 6 月

第二幕

场景 4

情境：ISTE 的年度会议和博览会是世界上综合性最强的教育技术盛会。来自世界各地的约 18 000 名教育工作者、技术协调人员、教师教育工作者、管理人员,以及业界和政界的代表齐聚一堂。ISTE 副首席执行官兼主席莱斯利·科纳里(Leslie Conery)宣布,会议的主题是"开拓视野",会议的目的是"创造一种会议体验,旨在关注教育工作者如何点燃学生的学习热情。我们相信全面的数字时代教育可以开拓学生的视野,更好地为他们在大学、职业和公民生活中取得成功做好准备"(ISTE, 2012)。

启幕：卡米尔和她的老师正在对他们共同创作的会议海报进行最后的润色。根据 ISTE 学生标准,本次展示侧重于她对特蕾西(Tracy)长达一年的指导——一位来自越南的 3 岁英语学习者。卡米尔很少主动在课堂上发言,但她不想错过这次与成人教育工作者分享经验的宝贵机会。

温暖的海风吹拂着棕榈树,一抹阳光穿透树叶照射在圣地亚哥会议中心外的人行道上,光影交错。

这是卡米尔第一次参加会议。由于地处不同的州,她需要乘坐飞机从华盛顿州的西雅图飞往加利福尼亚州的圣地亚哥。

同时,这也是她第一次在课外发表演讲,以及她第一次向老师以外的成年人发表演讲。这是一件非常重要的事。

在演讲之前,卡米尔带头撰写了会议提案,该提案在成人类别中被接收。在米歇尔老师"脚手架"(scaffolding)的支持下,卡米尔写下了她认为对老师们来说很重要的内容,并描述了她如何使用技术来记录在整个学年中与特蕾西的指导互动情况。卡米尔的父母认为她不会和成年人进行讨论,甚至直到他们看到她与 ISTE 教育工作者们交谈的那一刻。

他们很惊讶,教育工作者们也是如此。

当卡米尔与教育工作者交谈时,她不只是谈论视频编辑或指导特蕾西。她谈到了她作为指导教师所做的事情以及如何与 ISTE 学生标准保持一致。通过这段经历,她成为了一个更好的数字公民。她谈到她所学到的技能让她在批判性思维、协作、创造力和沟通方面表现得更好。她还谈到使用数字墨水和关系连接引导一个女孩去大声说英语。

从屏幕上的一个波浪线开始。卡米尔画出波浪线,向特蕾西展示她设备上的触摸屏和笔是如何工作的。卡米尔对工具进行了示范和讨论,学习继续进行,然后让特蕾西用它画一些东西。当特蕾西被难住时,卡米尔提供引导帮助她完成作品,如为乌龟添加一只眼睛,然后绘制红色龟壳。为了给特蕾西提供自己绘制作品的机会,卡米尔删除了这张现有的画作。为了更好地激励特蕾西,卡米尔会在她成功绘画结束时举起手向她击掌。在特蕾西看来,这个手势是表示祝贺和干得好,然后她面带笑容地完成击掌动作。

卡米尔电脑的摄像头能够实时记录她们的互动情况。录像提供了支持特蕾西进步的证据,从第一次录音,卡米尔让她画一些东西并询问她最喜欢的颜色,到她在学年结束时录制的对比视频,在其中她还采访了特蕾西。最后,卡米尔展示了特蕾西参与早期识字的视频,特蕾西可以带领卡米尔共同创作故事,大笑或微笑着说英语。而在这个过程中,卡米尔只需要介入去提供简单的支持。

场景 4 结束

人机交互和 STEM 学习的基础

场景 4 中的故事是我进行的一项原创研究的一部分,发表在斯普林格(Springer)的《人机交互》(Zimmerman, 2016)杂志上。正如上一章所讨论的，让学生为未来人类与智能机器交互做好准备，需要从我们具有独特的发展能力的人性方面开始——并强调和充实这些方面。机器在某些任务上表现出色，而且它们正在变得更好。然而，如果我们的大脑有能力发展同理心和人际关系，能够在多种情景中迁移学习，使当我们适应意外反应时能保持灵活性，并通过讲故事来帮助支持学习和记忆，我们应该支持这种学习。卡米尔似乎并不擅长传统考试，但她利用技术支持人类成长、发展和人际关系的能力却出乎意料。而 STEM 技能的培养往往就始于某种形式的关系。

技术帮助卡米尔促进了人际互动和英语对话。她从关系的角度出发，了解特蕾西喜欢和不喜欢什么。她准确地评估了特蕾西的技能水平并提供了支持（Vygotskym，1987）。她还了解特蕾西的想法（Fair，Vandermaas-Peeler，Beaudry 和 Dew，2005）。通过这种方式，卡米尔在特蕾西犹豫时鼓励她，并提供更进一步的"脚手架"。当她遇到阻力时，卡米尔要么增加支持，要么转向新的活动。技术为卡米尔和特蕾西提供了一个基本的空白画布，她们可以在上面共享知识、共同创造意义。

特蕾西的学前班老师也在幼儿园教过卡米尔。卡米尔当时是一位熟练的阅读者，后来在指导特蕾西时表现出对音素意识的强烈掌控。不管卡米尔意识到与否，她帮助特蕾西的许多方法都与她在幼儿园时所经历的方法相同。

恩莱特（Enright，2011）谈到了用于日常互动的语言，并将其称为基本的人际对话技巧（Basic Interpersonal Conversation Skills，BICS）。在发展上，BICS 的出现早于认知学术语言能力（Cognitive Academic Language Proficiency，CALP）。学习者需要"在正式教学的帮助下发展良好的人际语言（BICS）"的基础，然后 CALP 才能变得扎实。卡米尔通过对话和读写策略帮助特蕾西同时发展了 BICS 和 CALP。这种类型的人际互动和帮助为促进 STEM 学习奠定了基础。

学习是一个社会和文化的过程

　　STEM领域的许多人都受到他们钦佩的人或在他们身上有更多投入的人的启发。回想一下第一章中奈尔·威尔逊的故事，以及她在探索对STEM的兴趣时所获得的鼓励。她提到她喜欢与人们一起工作，因为他们可以聚在一起解决复杂问题，而这些问题无法通过过于狭窄的视角（narrow focus）来解决。这是非常人性化的过程。

　　虽然机器可以在狭窄的视角领域表现出色，但人类可以将不同的信息整合在一起以建构新知识并进行创新。我们可以在看似非常不同的事物之间找到联系，比如关于茶和人工智能关系的讨论。我们有能力在我们的交流方式、对意外或新奇的情况做出反应，以及建构新知识的方式上变得富有创造力。特蕾西的学习始于屏幕上的数字墨水曲线，并以一个富有想象力的故事结束，在这个故事中，她发明了她的公主的名字的拼写——作为一名精通越南语和英语的双语学生。作为她的导师，卡米尔成功地捕捉到了孩子的进步，这是在一个全都是学生的课堂上所没有做到的。如果没有卡米尔录制的镜头，特蕾西的老师不会知道特蕾西有多少技能，我也不会知道卡米尔有多少技能。

　　卡米尔将完成她的计算机科学副学士学位，然后转到西雅图华盛顿大学攻读信息学学士学位，这是一种信息科学的应用形式，涉及通过接口和技术系统在人与信息之间进行交互。以下是她在ISTE会议上分享她与特蕾西的经历时所说的话：

　　能够在2012年的ISTE会议上与米歇尔·齐默尔曼一起展示这项研究对我来说是一次影响深远的经历。当时，我从来没有真正理解过我的班级如何花一年时间成为学龄前儿童的导师的重要性。我只是认为这是学龄前儿童能够与年龄较大的孩子或成年人变得更友好的一种方式。但它变得不止于此。那年夏天，我花时间回顾了我与学龄前儿童特蕾西收集的信息，这让我了解了技术的重要性，以及它改善社交互动和与儿童一起学习的能力。在参与这项研究后，特蕾西，尤其是我自己，有了显著的进步。我们收集到的信息并没有展示给很多教育工作者，因此在小组中展示这一点的能力，似乎是我们在学生使用技术参与方面，以及在学习之外使用 STEM 的整合上取得了突破。

凭借我在这项研究中学到的知识和经验，我在高中应用 STEM 变得更加容易，这帮助我在我所在的技术学院取得了优异的成绩，并让我有信心通过成为学校的视频制作主播来练习公开演讲。这些机会让我成为了全市科技展示的节目播音员，这个活动让学生和教育工作者有机会像我一样展示他们自己的研究。

当我在展示会上介绍不同学生的项目时，我不禁反思中学时代的我，以及从那时起我走了多远。我知道这些展示他们所学知识的孩子与我在 ISTE 的心态相同，但他们不知道，他们所展示的知识也可以在不断进行的课堂技术研究中取得突破。（卡米尔·梅尔卡多，个人通信，2018 年）

当我们考虑人机交互越来越复杂的未来时，我们需要考虑的不仅仅是认知系统、机器人技术和机器学习的交叉点。我们需要将人类学习视为一个社会和文化过程。让我们的年轻人为这种未来做好准备应该包括让他们了解学习的机会，探索如何与他人一起学习，以及发现如何指导他人的学习。除非人们决定进入教育或培训行业，否则他们很少有机会体验在正式学习环境中，从学习者的角色转变为教别人的角色是什么感觉。大多数情况下，学生都有被训练的经历——能记忆、理解和复述的学习者。如果机器也能被训练、学习、记忆和复述，那么学生就需要通过学习教和学来扩大他们的能力，以超越机器。

拉西纳（Lacina，2004）指出，孤立的训练和练习并不是提高学业成绩的有效方法。虽然学生在创作和创新之前仍然需要基本的技能，但全年的重复和机械练习不应与人际互动孤立，也不应将训练的技能与学生应用这些技能的环境孤立开来。

在一篇名为《我们应该教给孩子的七项最重要的 STEM 技能》（Adams，2017）的文章中，作者列出了问题解决、创造力、论证、求知欲和灵活性等技能。亚当斯（Adams）在 2017 年的文章中列出的另外两项技能是统计和数据驱动的决策。教授这些技能不仅可以帮助学生了解他们与人工智能的关系，还可以帮助他们在人工智能无处不在且不断发展的世界中脱颖而出。

学习人工智能有很多途径和方法。其中包括讲故事、个性化学习、差异化教学和机器人技术。

故事讲述和为 AI 做准备

对一些人来说，讲故事和计算机科学是非常不同的技能组合，似乎不能结合在一起。许多孩子被教导要选择其中一个，而不是两者都选。但请阅读乔纳森·格鲁丁（Jonathan Grudin）的故事，自从会阅读以来，乔纳森就喜欢写小说和纪实文学。

"我喜欢解开谜团，解决出现的问题，并总结规律。"乔纳森说。当他在十几岁发现计算机编程时，"故事书的魔力变成了现实：我可以有一个想法并看到它变成现实，其后果有时是可以预料的，有时是不可预料的"（Grudin，2018）。

作为教育工作者，我们知道讲故事在学习过程中的作用。讲故事可以帮助我们记忆。它可以成为我们文化（Nasir，Rosebery，Narren 和 Lee，2006）与传统的一部分，因为各种文化通过口头和书面故事表达智慧（Choi，2015；Faggella，2015；Tillman，2006）。讲故事是人类的天性。如果我们能开发出可以模仿讲故事的人类的机器或系统，它是否等同于可以像人类一样传递智慧的智能实体呢（Faggella，2015）？

当我们谈论自然智能（natural intelligence）时，我们指的是人类和动物天生具备的能力。人工智能是指机器尝试复制或增强自然智能。这是人工智能共同体正在努力解决的问题。该领域的一些人只专注于复制人类智能。然而，今天的大部分工作旨在让计算机做人们无法做的事情,或者想办法以不同的方式做事;这些专家并不期望让计算机复制人类智能(乔纳森·格鲁丁,个人通信,2018年5月5日)。

格鲁丁帮助新一代年轻人发现了对人机交互的热情。他小时候对讲故事和编码的热爱为他作为微软首席研究员所做的工作奠定了坚实的基础,而他专注于教育。我和我的学生有次在2015年举行的"第九届触控笔和触控技术对教育的影响"研讨会上亲自与他交流。乔纳森给我留下深刻印象的第一件事是他能够在理论和实践之间保持平衡,因为他在非常人性化的层面上与我的学生建立联系,并指导他们完成设计思维和STEM挑战(Zimmerman,2016;Gonzalvo等,2016;Valentine,Conrad,Oduola和Hammond,2016)。

自20世纪70年代末起,格鲁丁一直与AI团队合作。几十年来,许多教育过程、方法和范式在这期间循环往复(Grudin,2017),当然人工智能的进步也是如此。这项技术一度蓬勃发展,然后似乎在我们进入另一个人工智能的寒冬时打起了旗号(乔纳森·格鲁丁,个人通信,2017年5月5日)。当人们对人工智能的潜力感到兴奋时,人工智能就会掀起一波热潮。随着新的AI寒冬到来,资金变得更难找到,复杂性就显现出来了,热情也随之减弱。然后技术的进步带来了指数级增长的新前景(Kurzweil,2001),人工智能的季节性循环仍在继续。罗杰·尚克(Roger Shank,2018)警惕地说,过度承诺AI当前的能力可能会迎来另一个AI寒冬;他主张准确识别人工智能当前的能力并保持其局限性的透明度。让年轻人为人工智能的未来做好准备,应该包括一个长期的愿景,这样他们就不会在资金减少或进展明显放缓的周期内放弃。

尽管有些人可能会认为AI夏天和寒冬的循环令人沮丧,但也有一种美蕴含其中。我们对人类思维的复杂性和它的工作方式(Allen,2011),以及社会文化的细微差别(阿肖克·戈尔,个人通信,2018年5月)有了更深刻的认识,这就是它的魅力所在。这些知识可以激励我们作为教育工作者去发现新的方法来最大化地发挥人脑的潜力(Campbell,2017),并促使我们增强使我们成为独特人类的方面,而不是教学生最基本的处理任务或只要求他们记忆和复述内容。

设计思维、系统思维和公民科学

通过以下资源增强学生独特的公民能力：
- 设计思维：tinyurl.com/y75b8a5d。
- 系统思维：drawtoast.com。
- 公民科学：tinyurl.com/y8th3hf2。

个性化学习

　　本章以一个关于个性化学习的故事开始，它不仅是个性化的——它也变得非常人性化。尽管个性化学习的定义可能会有所不同，但它们的一个共同点是从事这种类型学习的学生并非都在同一时间做同样的事情。学习反映了他们的文化、热情、独特的情况、挑战或未来的方向。这可能是为学生制定作业或目标的方式，也可能是作为教育工作者逐渐释放控制权，让学生更多地进行自我调节、自我指导和知识建构。

　　与传统的教育方法不同，个性化学习侧重于学习中人的因素，即学生在深度探索好奇心时的独特需求和差异。当我们努力培养当今年轻人的能力，以使他们与越来越聪明的机器区分开来时，个性化学习提供了一条让创造力和批判性思维等重要技能蓬勃发展的途径。与此同时，人工智能正在实现比以往任何时候都更高水平的个性化，其工具可以扩展教师的能力，让学生探索不同的研究路径，同时收集关于每个孩子如何学习的宝贵见解。

　　有许多优兔视频制作人，他们已经拥有了广泛的观众，并为个性化学习途径增加了多样性。2018 年，我有机会在得克萨斯州奥斯汀的西南偏南教育活动(South by Southwest Edu)上①与贾布里尔(Jabril)会面。他谈到了人工智能，并且他还是我出席的人工智能峰会的参与者。我们在走廊上就改变方法让年轻人为 AI 做好准备展开了对话。贾布里尔是一位数字媒体制作人，他以在视觉上举例说明信息和探索新的数字媒体前沿而自豪。在过去的10年里，贾布里尔一直在通过数字媒体练习讲故事的技巧，这使他在追求教育孩子热爱学习的目标方面发挥了巨大的作用。在成长过程中，贾布里尔没有太多榜样可以向他展示学习是一个令人难以置信的激动人心的过程，而他拥有媒体经验、将他所没有的东西给别人的热情，以及个人的优兔频道，他努力向其他人展示教育可以是一个有趣和有益的过程。与此同时，他也制作了一些视频来激励年轻人研究机器学习和人工智能。

了解 AI

探索贾布里尔关于机器学习和人工智能的 STEM 视频，了解他是如何对神经网络产生兴趣的。他还讨论了如何提高数学技能以实现制作机器学习游戏的目标：

- "编写我的第一个机器学习游戏"：youtu. be/ZX2Hyu5WoFg。
- "训练我的第一个机器学习游戏"：youtu. be/OpodKCR6P-M。
- "完成我的第一个机器学习游戏"：youtu. be/GDy45vT1xlA。
- "我的第一个机器学习游戏的评估"：youtu. be/g-HePO2bcTY。

---

① South by Southwest 是在美国得克萨斯州州府奥斯汀每年春天举办的音乐节。首届举办于 1987 年。举办时也有电影展和其他文化活动。——译者注

作为一名教育工作者，探索个性化学习的这一新领域可能让人感到很难掌握。如果不是每个人都同时想法一致，从一组正确的答案到可以标准化的测试，我们如何保持对每个人正在做的事情的控制呢？

成功的个性化学习包括以下特点：

- 通过学生在真实的、现实世界的活动中追求自己的兴趣和扩展他们的能力来满足内容与标准。
- 教育工作者不是传授知识，而是支持、指导和帮助学生。
- 学生在定义和规范自己的学习路径以实现既定目标的过程中，培养创造力、批判性思维和自我效能感。
- 技术赋予学生能够选择展示他们学习的内容、方式和原因的能力。
- 学习是循环进行的，而不是从接收内容到接受内容测试的线性过程。数字工具可帮助学生和教师评估整个学习周期的优势与劣势。
- 明确要学习的技能和学科领域，然后通过技能和理解能力的证据来衡量。
- 学生和教师在整个体验过程中整合技术以支持学习，选择最适合任务的工具。
- 个性化学习不会取代教育工作者，但它确实提供了数据和策略，帮助教育工作者知道何时进行干预并提供新的方向或更多的支持，以及明确何时让学生进行自我调节、练习自主性，并在他们做出实现目标方面的进展和成功的决定时掌握学习的进度。

当学生成为知识建构者和创新设计者时，他们可以控制自己的学习并能够展示他们的学习过程。看看这些学生如何使用 Sway 创建作品集来展示他们个性化学习路径的示例：

莎丽丝·李（Sharice Lee），八年级：sway.com/49wJZa2zEHqiFu8W。

阿福梅亚·海陆（Afomeya Hailu），九年级：sway.com/OoH8PFbrvgnW3dqF。

通过 ImpaCT 实现个性化学习

> 听学生解释南非的为英语和数学提供支持的 ImpaCT 计划：youtu.be/z6BEdNsWkmI。当他们说话时，你能察觉到个性化学习的哪些元素？

AI 可以通过米娅学习（mialearning.com）及虚拟个人助理等程序支持个性化学习。盒子里的皮克斯（Pixar in a Box，khanacademy.org/partner-content/pixar）可以为学习者提供个性化的学习途径。可汗学院（khanacademy.org）是另一个支持个性化学习的网站。

像 Sway 这种工具可以快速帮助学生对他们新创建的知识进行个性化设计和交流，同时保持形式和风格的内容相一致。Sway 使用机器学习算法来支持搜索和设计以及其他功能。从本质上讲，机器学习有助于承担一些工作量，提供专业、润色的设计，从而让学生可以专注于创建个性化内容。

阿福梅亚·海陆的民族志项目

> 探索阿福梅亚·海陆的个性化学习示例：sway.com/D6ksyWgZeKYSI22IC。这项民族志项目是一种以社会研究为基础的个性化的、基于项目的学习体验。在关于阿福梅亚在埃塞俄比亚的家族历史和文化的民族志中，你可以找到多少 ISTE 学生标准？

差异化教学

如果你教过数学,你就会知道,在课堂上,学生们永远不会拥有相同的先前知识、提出相同的问题、以相同的速度学习,或者以相同的方式练习和学习数学。作为一名教育工作者,如果你可以自由选择教授数学的方式,你可能需要考虑多种选择。一种选择可能是通过确保所有学生在内容上保持相同的步伐和进步来保持一致性与凝聚力。另一种选择是让学生按照自己的节奏前进。如果你曾经尝试过这种方法,你就会知道在任一时候跟踪每个人的位置,并在同一时间评估有时截然不同的内容,是多么困难的事情——不,是人类不可能做到的事情。差异化学习经常涉及在不同的主题之间跳来跳去来回答问题并支持学生的学习,以应对下一波的问题。

现在已经有了一些利用人工智能的基本组成部分来支持差异化学习的解决方案。麦格劳·希尔数学(McGraw Hill Mathematics)有一个名为 ALEKS 的自适应程序。15 岁的罗恩·弗莱明(Rhonwyn Fleming)描述了她使用 ALEKS 学习数学的第一年:

ALEKS 是一个教授学生数学的在线程序。在学期开始时,每个学生都会参加分班考试,该考试会根据学生答对的问题来选择问题。然后程序将学生安排在一门课程中;对于高中生来说,它可能是代数、代数Ⅱ、几何或高等数学。每门课程不仅涵盖共同核心州立标准(Common Core State Standards)概念,还填补了学生在之前的数学教育中可能存在的空白。由于每门课程都是根据学生的需求量身定制的,因此是个性化的,每个学生都可以按照自己的步调进行学习。这非常有帮助,因为有些学生马上就能理解一些概念,但有些学生可能需要更多时间才能真正思考清楚。伴随着练习,ALEKS 会给出一个简短的题目解释以及其他进一步阅读的资源。正因为如此,数学老师不必每天上课;相反,他们充当促进者,这是有益的，因为学生不再需要听他们可能会感到厌倦或不理解的课程。

ALEKS还教授宝贵的技能，例如时间管理和学生自我导向的学习技巧。ALEKS显示课程中还剩下多少主题，因此很容易计算出每周必须完成多少主题才能在学年结束时完成课程。ALEKS还利用了人类看到事情完成的自然愿望。通过设定一个目标，它会激励学生工作，这样他或她就可以将课程进行到底。如果没有动力和时间管理技能，就很难完成课程（罗恩·弗莱明，个人通信，2018年）。

阿福梅亚·海陆使用ALEKS已有几年了。这是她必须要讲的：

我在七年级时接触到ALEKS。当我们第一次开始使用它时，我对它的工作原理和程序的准确性非常怀疑。我只知道这是老师教授数学课的地方，以及你完成了一项作业。我不知道有哪门数学课能让你按照自己的节奏学习并完成尽可能多的数学课程。当我们开始使用ALEKS时，这一切都改变了。ALEKS是一门在线数学课程，允许教师跟踪学生在各种数学课程中的进度。你可以按照自己的速度完成数学课程。这意味着你可以在一学年内完成多门课程，或者只完成一门课程。在我们学校，我们需要每年至少完成一门数学课程，每周完成10个主题，大概2.5小时。这些是我们对ALEKS的唯一要求。在每门ALEKS数学课程中，都有多个部分，例如线性方程或实数。每个部分都有多个主题。对于每个主题，你将上一节课和回答两到三个问题。如果你答对了一定数量的问题，你就可以通过这个主题。如果你答错了一个问题，你将还有一次机会回答它，如果你还是答错了，你会得到另一种解释。在ALEKS课程中，每个学生在学习一定数量的主题并花费了几个小时后，都将获得强制性的知识检测（knowledge check）。在知识检测期间，你将接受有关最近学习的主题的测试。完成测试后，你可能需要根据你的答案是否正确重新审视一些主题。我发现的一件事是使用ALEKS使我经常忘记我所学过的主题。当我上课堂课程时，类似的课程会在整个星期或一节课中教授，因此数学会深入我的大脑。ALEKS中的许多主题只有两到三个问题，所以我没有得到那么多的练习。

多年来，我注意到当ALEKS与课堂课程和项目一起使用时，它可以帮助我更清楚地理解一切。课堂课程帮助我了解我这个年级的数学所需的基本组成部分,而 ALEKS 帮助我在个人数学课程中更快或更慢地学习。在我只有 ALEKS 的时候,我经常是在"刷题"中度过的,但从来没有记住过所学的内容。当我只有在课堂上的数学课时,我发现自己变得无聊且受限。当把它们放在一起时,我发现这样对自己更有效。(阿福梅亚·海陆,个人通信,2018 年)

ALEKS

- 发现 ALEKS 背后的科学:aleks.com/about_aleks/Science_Behind_ALEKS.pdf。
- 查看 ALEKS 的实际应用:youtu.be/EQ9PkS2aX7U。
- 了解 ALEKS 的工作原理:youtu.be/-1Q4jRbpODQ。
- 阅读 ALEKS 的研究报告:aleks.com/k12/research_behind_aleks。

对于幼儿学习,芝麻街工作室一直在探索人工智能与学习阅读之间的联系。该工作室由 IBM 沃森提供支持。IBM 沃森和芝麻街工作室在佐治亚州的格威纳特县公立学校完成了他们的初步试点,该公立学校是美国最顶尖的城市学区之一,探讨了业界首个认知词汇学习应用程序在年轻学生中的表现。当人类与智能机器交互时,双方都会学习。机器向学生学习,而学生则向机器学习。在这里阅读更多信息:tinyurl.com/y9u7xtsk。

芝麻街工作室

芝麻街工作室使用迭代研究模型(告知、改进、测试、重复)以设计出适合发展的方式来支持幼儿的个性化学习。他们的方法着眼于研究幼儿对内容的反应,然后解决常见的问题,澄清错误的概念,并为具有挑战性的概念提供支架。他们利用学习的情感维度，将笑声和情感附加到关键的学习组成部分中来。在此过程中，他们建立了对认知学术语言能力（CALP）和会话语言（BICS）的支持，以角色为模型，在幼儿观看时调查和讨论他们的学习。他们的迭代模型不仅有助于完善学习方法，而且有助于成人在走向人工智能辅助识字技能发展的过程中进行差异化教学。阅读更多关于芝麻街工作室是如何有意采取学习方法的：sesameworkshop. org/what-we-do/ourresearch-model。

可访问性和差异化说明

微软的课程"无障碍工具：满足不同学习者的需求"（education. microsoft. com/gettrained/accessibility）探索Office 365工具中已内置的功能，这些工具使用自然语言处理和机器学习来支持阅读障碍与视力障碍人士以及需要阅读帮助的年轻学生的无障碍学习。微软的使命是让所有人和组织获得更多成就；课堂也不例外。微软Windows和基于Windows的应用程序（如Office）以及其他辅助技术提供了让每个人都更容易使用计算机的功能——让教师有机会提供个性化的学习，让学生在课堂上有更好的体验和平等的机会。

- 查看一系列可访问性技术的实际应用：microsoft. com/en-us/accessibility。
- 了解有关OneNote沉浸式阅读器的更多信息：tinyurl. com/ycl4qjr。
- 观看有关OneNote沉浸式阅读器的视频：youtu. be/Zro-1Kibw。

机器人技术

机器人不是人工智能的代名词,但人工智能是与物理世界交互的智能机器的组成部分。当我们为学生准备一个融合了机器人技术和认知系统(如 IBM 沃森)与机器学习相结合的未来时,最好让他们接触机器人技术。"做中学"(learning-by-doing)活动是微软"建造模仿人类的机器"(Building Machines that Emulate Humans)课程的一部分。该课程向你展示如何构建传感器来控制机械手(图 4.1)。为与《下一代科学标准》保持一致,该课程计划介绍了现实世界的情景,在这些情景中,工程师和科学家建造了工具,使外科医生能够进行远程控制的外科手术,或使宇航员能够控制太空中的探测器。在 tiny.cc/27xr0y 上了解更多关于课程的信息。

图 4.1　感应手套捕获运动数据,用于控制机械手

除了机器人技术,微软的黑客 STEM(Hacking STEM)网站还提供了大量免费资源、课程计划、简单易行的分步指南,以及花费较少的选择,可以让你入门 STEM 或将你的 STEM 学习提高到新水平。

- 探索黑客 STEM 的课程计划和资源指南,甚至包括乐高和风火轮的项目:tinyurl.com/y8q964fn。
- 如需更多乐高机器人课程,请访问微软教育工作者社区(Microsoft Educator Community)并参加 Mindstorm EV3 机器人的免费在线课程:tinyurl.com/y8qdkxss。
- 查看 Mindstorm EV3 在伦顿基督教预备学校学生中的应用实例:sway.com/5lAtYK2xXvT2UWPq。

有许多免费的计算机科学教育资源,包括课程计划、分步指南以及你可以将其作为课堂或差异化教学的一部分进行的项目。

- 微软制作代码:makecode.com。
- 代码网址:code.org。
- 极客战记:codecombat.com。
- Mincraft 教育版代码生成器:tinyurl.com/y8ynrb7e。
- 麻省理工学院的编程软件:scratch.mit.edu。
- 谷歌 Blockly 教育:developers.google.com/blockly。

STEM 职业中的多样性和性别平等

当我们考虑学习的社会文化方面并为更多人类与智能机器互动的未来做准备时,我们需要不断地将多样性纳入其中。通常,当我们谈到多样性时,我们会忘记在这些对话中加入年轻人的声音。我已经让年轻人在这本书中表达出来他们的声音。我问过他们希望教育工作者知道什么。他们了解到他们声音的力量,从在我的课堂上、与我一起在会议上发言、与行业专业人士交谈、为出版物写作,或参加比赛并获得胜利。他们立即同意在讨论中加入他们的声音。

如果没有最基本的多样性,开发人员、设计师和创造者将很难在创建人工智能或认知系统、机器人技术和机器学习的组件时识别各种偏见。在第一章中,你读到的例子是无障碍工具如何利用发展中的人工智能技术、运动传感器读取手势以翻译手语,以及帮助有视觉障碍用户的工具。尽管本章的这一部分不能涵盖所有的多样性,但也将重点介绍几个,目的是更深入地思考可能对表征产生重大影响的小细节。

根据杰米拉·辛普森(Jamila Simpson)博士的说法:"我们不能低估看到自己的反思的重要性。"辛普森是 STEM 多样性的倡导者。她毕业于北卡罗来纳州立大学,成为第一位获得气象学学士学位的非裔美国女性(Jones,2017),她还是科学学院负责学术项目、学生多样性和参与度的助理院长。她组织了一次 STEM 研讨会,目的是接触到不同的群体。在《技术员》(*Technician*)杂志的一篇在线文章中,她描述了人们能够通过看到榜样或自己的反思来想象自己在未来职业中的重要性:"我曾让小孩和成年人闭上眼睛,想象一个科学家正在做科学工作,他们通常会想象一个年长的有着疯狂的头发的白人男性。他们并没有想象自己。如果人们不能在这些角色中看到自己,就会产生障碍。"(Chappell,2018)

人人适合 STEM

回想上一章的米娅·布里特。她在博客文章中写了一首关于多样性的诗,"不要证明他们是对的,要证明他们是错的:学生发出谈论教育公平的声音和他们参与技术的愿景"(tinyurl.com/y9vines8)。在最近与米娅的一次谈话中,我问她希望教育工作者了解 STEM 的多样性的哪些方面。她这样写道:

即使在日常生活中,接受和尊重所有文化也很重要。教导你的学生文化多样性的重要性,鼓励他们尊重他人,并帮助他们了解 STEM 是适合所有人的。随着技术的快速发展,对从事 STEM 职业的人的需求会越来越大。各行各业的人都应该能够申请这些工作,无论他们来自哪里。STEM 不应该是那些有机会使用最新和最伟大技术的人所独有的东西。当你有一大批来自不同文化、种族、性别认同、社会阶层等方面的人时,可以完成的事情是没有限制的。更多的问题可以得到解决,因为当有更大范围的人时,有更多的问题需要识别,更多的解决方案需要考虑,同时可以减少偏见。当每一种文化/性别都在 STEM 中得到体现和尊重时,更多的人将会乐于尝试并加入劳动力队伍,这最终将有助于推动科技的发展。(米娅·布里特,个人通信,2018 年 5 月 1 日)

图 4.2　12 至 15 岁的学生在 STEM 挑战中指导 4 岁的孩子使用有限的材料创建一个可以支撑苹果重量的结构

在这段 30 秒的视频剪辑中,看看年长学生指导年幼学生时会是什么样子:youtu.be3F_ANCTPFPW。

克利斯瓦·辛孜勒·马兰古(Xoliswa Zinzile Mahlangu)来自南非豪登省的索韦托。她是金山大学约堡软件工程中心(Joburg Centre for Software Engineering, JCSE)的计算课程开发人员和技术集成专家。2018 年 3 月,我有机会在新加坡参加全球教育工作者交流活动时与她会面。她一直在做令人难以置信的工作来激励 STEM 领域的女孩,所以我请她分享她对让女孩进入 STEM 领域的看法。她这样说道:

让她们从小开始。那些在科技领域茁壮成长的女孩们在成长过程中一直相信科技也是为她们服务的。正是这些女孩有机会玩乐高和遥控车,被鼓励玩拼图、玩棋盘游戏并有机会犯错,而不是总被期望成为"漂亮的小女孩"。在我运作的干预项目中,我一直强调混合性别群体,致力于构建技术解决方案,并要求每个人都必须对解决方案部分进行编码。当女孩们了解技术的工作原理时,我看到她们崛起并大放异彩,她们超过了男孩。我也挑战过自己,让自己不要害怕新技术,而是要拥抱它并不断尝试新事物。我所教过的女孩们也都看到了这一点,我的勇气和好奇心已经感染了她们。在这个为"数字土著"教学的时代中,我了解到学生有时可能比我知道得更多,我同样呼吁男孩和女孩在某些任务中帮助我和班级同学。(克利斯瓦·辛孜勒·马兰古,个人通信)

ImpaCT 计划旨在帮助提高对 ICT 领域的认识。2017 年的工作重点是打造善意的游戏——这些游戏能够解决非洲大陆的社会问题。克利斯瓦希望学生以同理心开始设计思维,以解决困扰他们日常生活的问题。

ImpaCT 计划中的学生扎内尔·恩科博(Zanele Ngcobo)谈到了她想要解决的社会问题。她注意到人们正在忘记他们来自哪里,也没有与他们的根源保持联系。日本和南非在很多方面可能看起来非常不同,但在这两个地方,我们看到了人类对了解自己身份的渴望。我们看到人们渴望了解自己是谁,更多地了解自己文化以及如何尊重过去,同时使用新技术来巩固一些人可能已经失去的东西。扎内尔的团队获得了三个奖项。在这里观看她讲述 ImpaCT 的经历:youtu. be/slecnhdh4al。

JCSE 中的女性

> 听听克利斯瓦与 JCSE 的女性谈论在 IT 中的性别平等:youtu. be/Z612oFLGOIo。

反思 STEM 职业中的多样性

- 讨论本章所阐述的学生讲述故事的方式以及它们如何代表多样性和公平。
- 在关于 STEM 公平的部分,包含一首诗和两个似乎与 STEM 职业没有直接关系的视频,它们有什么价值?
- 多样性如何以及为什么是 STEM 职业公平的重要基础?

- 想想每个视频和诗歌是如何证明这些学生成为：
  - ◇ 赋能学习者
  - ◇ 数字公民
  - ◇ 知识建构者
  - ◇ 创新设计者
  - ◇ 计算思维者
  - ◇ 创意传播者
  - ◇ 全球合作者

阿曼达·达曼（Amanda Damman）是通用汽车公司的工程业务经理。在这里，她分享了她对STEM领域的人工智能和性别平等的看法。

关于人工智能和性别平等

最迫切的需要

虽然我们创建的系统和我们使用的技术正在迅速发展，但仍有一些基本的人工智能原则将经受得住时间的考验。在这个领域工作的专业人士需要愿意以同样的速度适应和改变。毕竟，是人类的大脑促进了我们遇到的每项技术的进步。这种承诺和灵活性将推动该行业进步并最终推动人类向前发展。

汽车行业已经表现出以必要的速度发展的意愿，因为它已经采用人工智能来追求自动驾驶汽车的发展。诞生于具有软件思维的硅谷的团队与来自底特律的具有制造专业知识的团队正在共同努力改变汽车行业的面貌。人类智慧和突破性软件的有效结合使我们对自动驾驶汽车有了新的认识。这种发展是各种系统的结果，包括感知、行为控制、映射、控制和模拟。激励我们的是一个没有车祸的世界、提高通勤时间的利用率以及保持障碍驾驶者独立性的愿景，像许多其他行业一样，汽车行业准备在未来5年内经历比过去50年更多的变化。

关于性别平等

人工智能的迅速兴起增加了技术在我们生活中的日常应用。从语音识别到地图应用、提示性搜索到自动驾驶汽车，人工智能正在积极影响世界各地人们的生活。虽然对男性和女性都有好处，但在推动这一演变的行业中并没有相同的性别平等。科技行业和 STEM 领域继续由男性主导。促成这一趋势的因素包括感觉 STEM 领域可能对男孩和男性更具吸引力、女孩早在中学时就对 STEM 失去了兴趣，以及一些女性认为 STEM 职业是男性化的。

女性可能会以不同于男性的方式使用人工智能，当我们设计自动驾驶汽车时，个人安全是最重要的。女性可能看到自己从自动驾驶汽车中受益，因为她们习惯于接送儿童。她们有一些人需要在车辆中携带不同的物品，并且在涉及可用性和整体性体验时，可能会有不同的期望。人工智能背后存在的性别差距是不容忽视的，因为人工智能有能力造福男性和女性。在认识到 STEM 职业中性别平等的迫切需求和鼓励这个快速发展的领域的多样性方面，教育工作者发挥着至关重要的作用。

STEM 职业中的头发和多样性

如果没有人指出来，无意识的偏见很容易就会溜进设计中。例如，奈尔·威尔逊（Nile Wilson）提到了收集代表不同人群的数据的挑战，就像设备对某些类型的头发不能很好地发挥作用一样。在收集可以训练机器的数据时，很容易忽视头发这一因素。正如我们接下来将看到的，我们也很容易忽略在计算机动画中为头发建模是多么具有挑战性——大多数人没有意识到在创造自然反应与讲述故事的艺术中涉及的所有物理学和数学知识。"盒子里的皮克斯"通过表现多样性和考虑年轻人在整个课程中看到的各种角色来应对挑战。在这个例子中,我选择强调"头发模拟",是因为皮克斯并没有选择将头发挑战作为一个需要解决的问题,而是将其作为一个使用数学和物理来讲述角色故事的重要方式。介绍视频中的叙述传达了一位女性软件工程师的观点,她说:"在《勇敢传说》中,头发是一个真正的大问题。它是自由的象征,是我们的主角个性中所固有的。"在这个简短的声明中,皮克斯选择承认头发的文化重要性,同时展示物理、数学、软件工程和编码如何在角色表现中发挥重要作用。表现头发是值得的,尽管它"很难。它需要很多次迭代才能正确得到它。梅莉达(Merida)给人的感觉就像一个真正的、凌乱的、狂野的、自由的女孩"。

头发模拟

> 探索一个关于头发模拟的介绍视频:tinyurl.com/y77vdny9。

在《头发关系到:美丽、权力和黑人女性意识》这本书里,英格丽德·班克(Ingrid Banks, 2000)写道:

黑人女性对头发有着共同的集体意识,尽管它以多种方式表达。我问女孩和妇女的第一个问题是头发如何以及为什么重要。考虑到黑人女性关于她们头发的许多个人反思性著作,我希望女孩和女性解释头发对她们是否也很重要,或者说头发受到的关注是否是一种炒作。她们的回答各不相同,但大多数女性都同意,头发在某种程度上对她们特别重要,或者对一般的黑人女性来说很重要。

当你考虑多样性和 STEM 时,头发可能不是你首先想到的,但它说明了与新兴 AI 技术有关的表现方式的重要性。从历史上看,头发在全球范围内都发挥了重要作用(Banks,2000;Ellery,2014;*The Mercury*,2016)。对于皮克斯来说,深思熟虑地使用头发来讲述故事是尊重个人身份的一种方式。在我们推进人工智能的过程中,重要的是要牢记多样性可以影响并受到我们创造的技术的影响的所有不同方式。

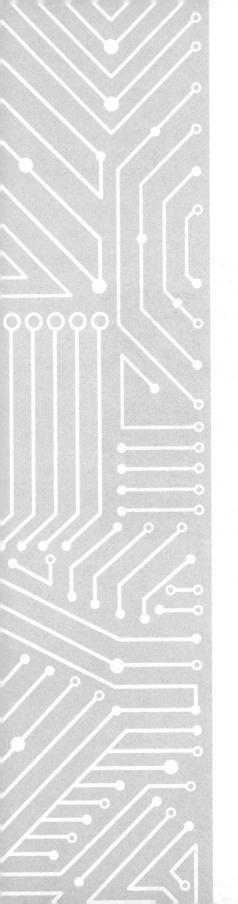

第五章 AI 如何支持教师

智能工作,而不是努力工作

剧中人

大卫·凯勒曼(David Kellermann):悉尼新南威尔士大学机械与制造工程学院讲师

T. A.:人类助教

问题解答机器人:AI 助教

学生:机械工程专业学生

场景

悉尼新南威尔士大学是一所澳大利亚公立研究型大学,成立于1949年(图5.1)。根据2017年QS世界大学排名,它在新南威尔士州排名第1,在澳大利亚排名第3,在世界排名第45位。

时间:2018年4月

图 5.1 悉尼新南威尔士大学

第二幕

场景 5

情境：500 名学生的机械工程入门课程——350 人现场上课，150 人在线参加。

启幕：随着 500 名学生准备期末考试，在线论坛日夜充斥着各种问题。凯勒曼、他的教学助理和他的助教努力回答尽可能多的问题。奇妙的是，学生们也在回答彼此的问题。但在火热的询问中，问题仍然没有得到解答。助教不知道谁应该回答谁，他们经常花时间回答已经解决的问题，或者那些在讲座录音或课程资料中可以找到相关答案的问题。最糟糕的是，为了为新学期做准备，论坛将会在学期末关闭，所有宝贵的对话都将丢失。

  一周后，机械工程的期末考试卷至少可以说堆积如山。想象一下一共 24 页的试卷，然后乘以 500 名学生，这就是 12 000 页需要带回家评分的试卷。这些试卷被装在六个巨大的袋子里，斜挂在助教的肩上。再想象一下，要把这么多静止不动的试卷从一个地方移到另一个地方，还不能打乱书堆或扰乱学生学习，需要掌握多少物理学知识。在报告厅和助教的车之间有很多被绊倒的危险。更糟糕的是，每份试卷必须传递给 12 位不同的评分者，每位评分者都必须评估给定问题的所有 500 个答案——这项任务要求他们翻阅小册子以找到他们正在评分的问题。最后，还有一整天的数据输入过程。这一切都相当于一个令人头疼的后勤工作。

行动：这个学期的情况有所不同。凯勒曼设计、开发和部署了一个名为 Question 的机器人，学生可以在论坛上给主题打上标签。教学大纲中的每个主题都有自己的路径，因此机器人知道每个问题涉及哪个主题以及谁提出了这个问题。根据注册数据，它还知道学生在哪个辅导班以及该班的助教是谁。收到询问后，Question 向负责该学生的两位导师的手机和电脑发送推送通知。该机器人还跟踪问题的状态,并提供了一个按钮,一旦该问题被回答,就可以点击按钮。如果有同学先回答,推送通知将被取消。该系统允许导师跟踪他们的 40 名学生提出的所有未回答的问题。每当有人回答问题时,机器人就会将 Q & A(问答)添加到其按主题排序的知识数据库中。如图 5.2 所示,问题解决后,导师可以点击"Answered"(已回答)按钮。这表明机器人将信息归档在适当的教学大纲主题——"能源方法"之中,并由路径表示。

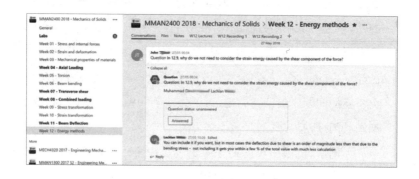

图 5.2　当学生的问题得到回答时,机器人会将每个正确的答案添加到其知识库中,以后可以利用这些答案来回答类似的问题。

该机器人不仅可以作为学生宝贵的学习资源,而且还可以使用其自然语言处理 APIs 来理解与本学期早些时候提出的问题类似的问题,或者甚至最终能理解前几年提出的问题。它已经开始利用讲师、助教、12 位导师和学生他们自己的集体知识了。此外,另一个人工智能工具自动为讲座录音生成隐藏式字幕,并且 Question 机器人能够确定学生的问题是否已经在讲座记录中得到回答。如果它有信心匹配,机器人会提供一个深度链接,直接指向讲座中答案所在的确切时间,然后开始播放视频。随着机器人开始处理较简单的问题,导师的工作量减少了,这使他们能够专注于困难的问题。他们在对话中增加人类深度洞察力的能力得到了发挥。

考试时间结束了,12 000 页的试卷将被送入自动扫描进纸器。AI 机器人从每个首页读取学生的编号,并将每个问题分成两页的PDF。每批有500个问题被批量上传到云端,评分任务被分配给导师,导师可以通过评分标准和触摸按钮随时在电子表格中进行评分。装满试卷的袋子不见了,一系列打分的小册子也消失了。花费数百小时翻阅页面以找到正确问题的时间已经一去不复返了,费力的数据输入时间也不需要了。导师可以在任何地方为考试评分,只需要一台笔记本电脑或平板电脑,他们甚至可以使用数字墨水提供反馈。但AI机器人还没有完成数字化考试的协助工作,即它可以读取最终的数字答案并自动给完美的计算打满分。如果最终答案是错误的,它会将问题标记为人工审核。AI机器人还可以利用机器学习来标记正确的图形和图表——它已经使用上学期的分级考试进行了训练。它还可以解析书面解释的语言,并将它们与已认可的回答样本进行映射。所有的这些都极大地减少了讲师和导师的后勤工作量,让他们腾出更多时间来编写有深度的反馈供学生学习。由于AI机器人可以将每个考试问题映射到每个主题、每个对话和每个考勤项目,因此它能够针对单个学生提供分析反馈。而这仅仅是个开始。

场景5结束

设置自动化任务以解放教育工作者的时间

在2018年4月访问悉尼新南威尔士大学时,我和机械与制造工程学院的教育工作者大卫·凯勒曼(David Kellermann)就人工智能如何支持他的教育进行了交谈。他生动地描述了成堆的论文;在大学预科环境中,我们中没有多少人会在学期末完成12 000页的评分,但这种视觉效果可以唤起任何不得不搬运和对大量论文进行评分的教育工作者的极大共鸣。

值得注意的是,在设计思维过程中,同理心是创新之路的第一步。例如，在凯勒曼的课堂上，由于大学里没有足够的座位来容纳每个人，因此一些学生不得不在网上学习课程。他注意到亲自参加他的课程的学生与听他的网上讲座录音的学生之间存在差异。于是他开始着手寻找原因。

在社会文化学习中起重要作用的人类视角

凯勒曼认为非言语交流、视觉辅助和参与面对面的课堂讨论是造成差距的原因。他发现参与社会学习过程的人和直接从机器上学习、与他人隔离的人之间存在明显的学习差距。他希望有一个更公平的解决方案，即使不是每个人都能亲自参加。在我们的谈话中，他声称大规模的开放式在线课程（MOOC）与翻转课堂会扼杀参与和反馈，消除学习过程中的协作和沟通，给一些学生留下贫乏的体验。他说，"机械工程导论"可能是一门具有挑战性的课程，学生需要学习社会文化方面的知识。

在这样的情况下，如果不亲自了解学生的困难和差别的细微不同，仅凭教育工作者是无法平衡负担的。然而，凯勒曼发现，当学生们在 Microsoft Teams 中使用他们的真实照片作为个人资料的头像时——以及当他们开始在线互动以回答彼此的问题时——他们能够在看到对方的时候立即建立联系。一些教育工作者可能经历过类似的现象，他们在会议上遇到某人之前，已经在社交媒体上关注过某人或在线查看过某人的工作。数字交互似乎帮助人们亲自建立起更深入、更及时的联系，与在见面之前从未通过技术进行交流的教育工作者相比，他们能够更快地发起对话。

自从换了 Microsoft Teams 后，课程讨论帖子增加了 800%。在凯勒曼的课程结束时，100% 的远程参与的学生在学生体验调查中报告说他们"感觉自己是学习社区的一部分"。他们的学习社区以 Microsoft Teams 为基础。

虽然技术消除了学习方程式中的人际互动,剥夺了学生的互动交流,但它可以提供帮助支持学习的社会文化方面的工具。通过 Microsoft Teams 这样的平台,机器学习具有的计算能力可以协助教育工作者识别需要支持的领域,在其需要干预时及时通知,并促进社会中介的学习(Vygotsky, 1987)。在本章开头的例子中,凯勒曼用技术来增强人类之间的联系,这与动画片《机器人总动员》中的场景形成鲜明对比,即在后者中,技术取代了人类之间的交流。当一个工具能够帮助教育工作者建立社区时,学生的参与度就会提高。

使用 Microsoft Teams 进行协作

> Microsoft Teams 是面向教育工作者和学生的数字中心。它允许用户围绕课程和作业进行协作,在专业学习社区中建立联系,并相互交流。
>
> 了解更多或开始学习:tiny.cc/1b6r0y。

数据挖掘

学校收集了大量的评估和绩效数据,这些数据可以揭示学生进步的趋势和模式——教育工作者可以利用这些宝贵的信息来改善教学和学习。但是,如果没有人有时间或没有专业人员来分析这些数据,那么这些数据就会被埋没。幸运的是,人工智能已经快速地填补了这些空白。数据挖掘是计算机科学的一个跨学科子领域,是利用人工智能、机器学习、统计学和数据库系统的交叉方法在大型数据集中发现模式的计算过程(维基百科,日期不详)。

115　　教育工作者越来越多地使用数据挖掘来处理学生的表现性数据并将其提供给教师,以使他们能够更轻松地发现需要额外帮助的有困难的学习者(Haigh,2007)。

评价

在凯勒曼的课程中,数据挖掘对学生的成功产生了可衡量的影响。该班在使用 Microsoft Teams 的课程后,考试通过率从 65% 提高到了 85%。作为他数据挖掘工作的一部分,他希望超越多项选择题和简答题,以了解他的学生是否理解材料及能否应用知识。这需要以更流畅的方式展示理解能力,包括通过数字墨水绘图。这对自动化评估提出了挑战。图 5.3 和图 5.4 是来自一个样本评价的真实学生作业示例。

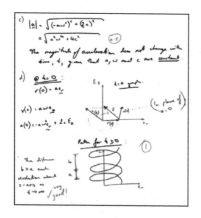 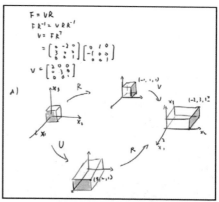

图 5.3　用数字墨水完成的学生作业示例　　图 5.4　用数字墨水完成的学生作业示例

为了评价这类作业,凯勒曼需要更复杂的机器辅助。他确定了四类回答类型,并将它们与评价学生作业所需的相应评分技术相匹配:

1. 是/否、多项选择或数字:布尔值

2. 书面答案：文字识别、自然语言处理和人工智能
3. 图形和图表：正向的机器学习
4. 数学推理：标记为人工审核

除了处理多项选择和"是"或"否"答案，评价现在还可以将机器学习、自然语言处理、计算机视觉以及人类判断纳入其中。通过正向的机器学习，人工智能只会给出正向的分数。如果计算机将问题的所有组成部分（包括书面组成部分）识别为正确，则该项目被标记为正确。当存在差异时，机器会自动标记，以便人工查看答案，并基于他们的判断来了解学生哪里出错了。对于每一个答案，机器都会继续学习。通过将除标记项目外的所有工作自动化，这项工作量已减少到过去的 20%。它消除了所有的重复性工作，使教育工作者能够专注于丰富的、人性化的部分——观察识别细微差别。

在整个课程中，教育工作者现在能够将评价数据提取到微软提供的分析服务 Power BI 中，并将其显示在 OneNote 中的学生个人部分（如图 5.5 所示），这样他们就可以直观地看到自己的进度。

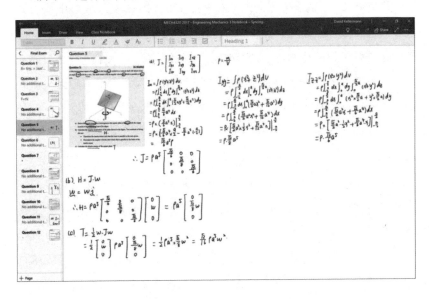

图 5.5 在 OneNote 中使用具有实时同步的数字墨水的工程结构化期末考试的示例

人工智能、机器学习和人机交互的增强支持的成功

在应用 AI 后,凯勒曼的调查结果表明,机械工程专业一年级的学生感受到了成功、相互之间的联系,以及成为了社区的一部分。这些反应是前所未有的——这与之前的调查结果以及其他尚未使用这种方法的机械工程课程的结果形成鲜明对比。凯勒曼已经确定了是什么让这次人工智能的应用与众不同:

回过头来看,我们可以看到人工智能的使用并不是为了方便——比如数字助理可以通过告诉你天气、设置提醒或闹铃来为你节省 10 秒的时间。这也不是为了在提供教育方面节省开支。人工智能使人们能够以不同的方式增强洞察力,从而使这 500 名学生中的每一个人都能从他们的教育经历中获得更多。(大卫·凯勒曼,个人通信,2018 年)

超越技术,超越学生之间的人际关系,也许凯勒曼的故事中最引人注目的部分是,他希望为可能遇到困难的学生提供早期干预。机器学习帮助他进行了早期检测,使他能够预测学生继续遇到困难——甚至放弃课程的可能性。因为他能够更早地识别这些案例,而且因为聊天机器人回答了所有学生在课程内容中已经解决过的问题,所以他能够将自己的时间投入到可以改变学生轨迹并支持他们在 STEM 职业领域继续学习的干预上。

人工智能,特别是机器学习,还可以突出学生始终表现出优势的特定领域,让教育工作者有机会建议选修课,突出学生的天赋,并为学生提前推荐技能匹配。它可以帮助确定组织单位将在未来就业中高度重视的特别罕见的技能组合——否则这些技能可能会在数字化的等级或百分比中遗失。一些雇主错过了完美的匹配,因为测试只突出求职者学习的一个方面,而学生的闪光点却不容易被证明。这可能会让学生感到沮丧,他们最终可能会更换专业,甚至选择全新的职业道路。世界需要

的人才和技能并不是通过考试分数就能清楚地表现出来的——特别是当我们努力定义人类在一个机器可以擅长同样的技能的世界里能做出什么贡献的时候，我们的评价正是为了测量这些技能。

除了这些评分和评估实例，人工智能和机器学习还为凯勒曼提供了学生的独立中心，从而简化了课堂管理。他现在可以使用 Outlook 日历快速向所有学生推送会议、作业或考试日期。讲义也会在 OneNote 中同步，视频可通过微软视频（Microsoft Stream）获得，聊天机器人可以精准地将学生引导到包含问题答案的视频部分。这些技术的协同作用彻底改变了这位教师和他的学生的体验。

制定更智能的而不是更努力的路线图

创建像凯勒曼这样的 AI 驱动系统，需要将多种 AI 工具整合到一个框架中。我在与学习顾问公司首席执行官——《学习的消费化：教育工作者如何利用消费者级别的数字课件来改变体验时代的学习》一书的作者雷拉尼·考特恩（LeiLani Cauthen）的对话中问道，她希望教育工作者了解哪些关于人工智能的知识，以及她认为人工智能如何支持教育工作者。她说：

教育领域的人工智能正朝着为课程、辅导、不相关的内容以及个性化的路径提供推荐引擎的方向发展。在自适应课件和资源收集网站中，人工智能正在形成一个复杂的算法领域。正是在这个算法领域中，框架系统中的手动搜索和部署的负担转移到为教师提供更多具有反馈分析和有效利用的自动部署。最大的障碍是不同的以学科为中心的系统，以及制定一个路线图以将这些部分整合到一个课程地图中，从而形成一个具有多重方向性的个性化课程地图。（雷拉尼·考特恩，个人通信，2018年5月4日）

尽管存在这样一些系统并且已经取得了进步，但个别教育工作者仍需要投入大量工作来寻找、审查和组合人工智能工具，以产生一个工作系统，帮助教师更智能而不是更努力地工作。随着像凯勒曼这样的人完善他们的系统，并抽象出框架以促进从大学课堂到 K-12 教室的迁移，这将使得引入人工智能变得更加容易——但在 K-12 环境中复制像凯勒曼设计的这样的 AI 结构存在一定的局限性。小学教师通常教授大部分或所有科目，虽然这种类型的扩展是可能的，但技术尚不存在。机器还需要大量的训练数据才能帮助使用图像和文字测评考试。新南威尔士大学一个学期有 500 名学生，但较小的班级需要更长的时间才能产生足够的迭代数据来训练机器。然而，正如我们从谷歌在图像方面所做的一些工作中看到的那样，机器识别或预测绘图的能力已经取得了长足的进步。

艺术、音乐和 AI

我们已经看到了很多人工智能促进学生学习的例子。ALEKS 等项目支持数学教师评估和正确识别理解上的差距。像米娅学习这样的程序可以帮助教育工作者区分阅读教学并更好地了解学生的进步。OneNote 学习工具不仅提供全部可访问的功能，还帮助学生在课堂中提高听力、复习、阅读和理解能力。但是机器学习可以做些什么来支持教育工作者教授绘画和音乐等艺术呢？

音乐课堂的混合型工具

2018 年 2 月，在西北计算机教育工作者委员会上（Northwest Council for Computer Educators，NCCE），我有机会与加利福尼亚州富兰克林古典中学的器乐老师安德鲁·菲茨杰拉德（Andrew Fitzgerald）交谈。尽管他没有具体说明 AI，但他使用了一系列工具（包括 Kahoot!、Go Formative、Socrative、Office Forms，以及 Office 业务分析工具 Power BI）

来提高效率并帮助他的学生在实现他们的学习目标时了解自己的学习进度（图 5.6）。在微软教育博客的一篇文章中，他描述了如何使用多种工具来更有效地评估学生的成长。

评价音乐生的个人表现是一个耗时的过程，尤其是对于一个有 50 多名学生的班级……我评估每个学生——他们的同学会在他们表演时提供反馈。我们使用 Office Forms 为每个学生输入分数并提供建设性反馈。通过将我的数据导入 Power BI，我的分数和反馈可以划分到具体的教学部分与个别学生，轻松与他们分享，并将这些数据用于个人反思和成长心态相关的活动。（安德鲁·菲茨杰拉德，个人通信，2018 年 2 月）

了解更多信息并查看菲茨杰拉德如何组织学生评估数据的示例，请访问 tiny.cc/gasbxy 和他的博客 andrewfitz.net。

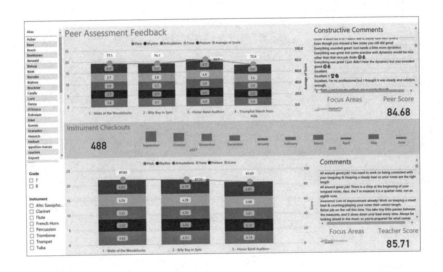

图 5.6　数字工具可协助教师和同伴评估器乐技能

艺术评价的作品集工具

人工智能可以通过简化学生反思过程的作品集工具（portfolio tools）支持传统艺术评价，这为教育工作者提供了一种更轻松的方式来跟踪正在进行的作品。使用机器学习算法来优化他们最终的演示文稿的美感,学生可以将时间和精力集中在创作艺术品上,而不是设计他们的作品集。虽然艺术教师可能不会在学期结束时把几千页的作品带回家打分,但传统媒介的艺术课程在保存和打分方面却带来了挑战。这样的作品要么在课堂上占用大量教室空间,要么学生必须携带大量的档案袋来装他们的作品。

像 Office Lens 这样的工具可以使用移动设备拍照,并消除视差,从而获得更精美的演示文稿。如图 5.7 所示,让学生记录下他们在完成石墨网格图片方面的进度,提供了一定程度的自我反思和同伴评估;以及提供了一个他们在社交媒体甚至领英(LinkedIn)的个人资料上提交、保存和分享的神器。这种复杂的项目是 STEAM 学习的重要组成部分,这种格式允许对内容进行更复杂的审查并与家人更好地沟通,以便他们了解学生艺术作品的重要性。

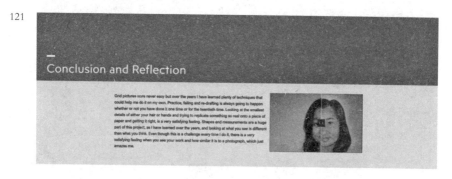

图 5.7　一名学生使用 Sway 反思绘制石墨网格图片的过程

Sway 中的学生示例

探索学生反思他们在 Sway 中的艺术创作过程的例子:

- 迈拉·左(Myra Tso)的"网格图片进度":sway.com/OsO7CNLVWIhhGPIJ? ref = Link & loc = mysways。
- 莎丽丝·李(Sharice Lee)的"我的礼物背后的故事":sway.office.com/AbARTZpfM5VtW6vR? ref = Link。

- 阿福梅亚·海陆（Afomeya Hailu）的"红点富士"：sway.office.com/3O1bo95AOvEgJJ1f? ref = Link。
- 宋艾美（Emmy Sung）的"我的礼物背后的故事"：sway.office.com/D8oCdEZjcWDsB3sP? ref = Link。

数字时代的学徒制

捕捉过程的评估方法的额外好处是其他人可以深度洞察学生的学习过程，而不仅仅是评估最终的作品。教育工作者可以根据他们所看到的对作业进行建模，与此同时学生可以向提前完成作业的其他人学习。从他人的过程中学习的能力是学徒制的基础，这是一种由来已久的学习技术。虽然这种一对一的支持和指导对于一个拥有大教室的教师个人来说是不可能的，但人工智能可以帮助填补这一空白。随着重复性的基本任务越来越多地由机器完成，人类可以更多地转向具有更高水平人类互动的学徒制学习模式。这与高接触和高科技模式相一致。

学徒制模式（Rogoff，1991）描述了新手和更有经验的专家之间的关系，后者通过亲自参与共享活动来指导新手。专家决定如何在学徒可以处理的范围内将活动划分为较小的子目标，同时还就如何应用工具（Cole，1989）和所需技能（Rogoff，1991）提供有用的建议。微软设计研究员乔纳森·格鲁丁（Jonathan Grudin）在讨论 AI 是否会取代教育工作者时谈到了学徒制的价值：

我想告诉教育工作者的内容取决于他们是否在教授什么是人工智能，如果对人工智能和其他技术进行相对保守的预测，那么世界将如何，或者他们如何能够或将如何使用人工智能来完成他们的工作。我会倾向于增强或补充方面。我想说,就教育而言,人们习惯于通过学徒制进行学习,就像我们数百万年来所做的那样,这一点不会改变。没有任何技术可以取代一位优秀、有见解、有同理心、鼓舞人心的老师,但技术可以帮助老师,可以在老师做不到的时候提供帮助。(乔纳森·格鲁丁,个人通信,2018)

从社会文化的角度来看,教与学不仅仅事关大脑和身体。在他人在场的情况下会发生复杂的过程,包括同理心和道德的发展。

AI 增强支持教育工作者

我们从研究中了解到,动机对学习至关重要(Ryan 和 Deci,2000)。当被问及人工智能在教育中的作用时,2017 年 7 月,在波士顿举行的诺任勃建设学习共同体会议上,华盛顿大学教授、游戏科学中心主任和 Unlearn 创始人佐兰·波波维奇(Zoran Popovic)回答说,当他们训练机器提示教育工作者在身体上给学生一个击掌手势,而不是在屏幕上提供奖励时,学生的表现更好。人类教师的投入很重要。采集数据和收集作品是一回事。我们如何使用它们来支持和鼓励学生学习是另一回事。

教育工作者和在人工智能领域经验丰富的人可以通过跨学科工作的方式来帮助确定子孙后代的目标。当事情变得困难时(Ryan 和 Deci,2000),坚持下去的动力不只是因为对学习至关重要。格鲁丁所说的实证研究结果是有意义的。人类有与生俱来的心理需求,包括对关系建立、选择感和成功感的需求。在瑞恩和德西(Ryan 和 Deci,2000)的研究中,他们将其称为"相关性、自主性和能力"。当这三种与生俱来的心理需求得到满足时,人们在遇到困难时更有可能坚持下去。人工智能有助于提高自主性和能力是有道理的,但需要通过建立人际关系来建立关联感。我们看到这种情况发生在对年长和年幼儿童的指导中,以及在全球范围内的成功案例中。

教师可以为 AI 增强添加什么

图 5.8 中的图像是一个真实的学生在 ALEKS 中的仪表板,在网站(aleks. com/about_aleks)上被描述为"一个基于 Web 的人工智能评估和学习系统"。仪表板显示,她是一个积极进取的学生,能够在学术内容上表现出色。使用仪表板,她可以确定一个明确的目标并查看她的进步结果。对于一些学生来说,这是一种激励;然而,其他人可能会感到挫败和失落。根据格鲁丁的说法,"如果系统给他们越来越困难的问题,直到他们遇到无法解决的问题,一些孩子会做出很好的反应。如果每个问题环节都以失败告终,一些孩子则会感到泄气。教师可以深入了解动机的差异性,这些系统则没有时间或能力去识别。人工智能可以帮助他们;但它不会取代他们"(Grudin,2018)。

教育工作者有能力了解学生行为的细微差别,并确定如何以不同的方式激励他们。这就是机器学习的力量所在,识别何时需要人与人之间的联系,并促使教育工作者介入——将高接触与高科技结合起来。即使是在数学学徒制教学中,人也很难了解数学掌握的所有方面,也很难找出理解上的差距。而这正是人工智能的优势所在。

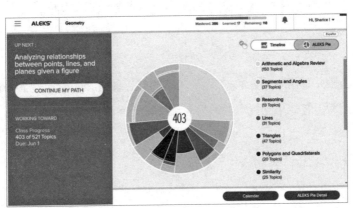

图 5.8　显示学生在 ALEKS 数学课程中的进度的仪表板

例如,完成 ALEKS 数学课程的学生可以通过仪表板跟踪自己的进度,该仪表板定义了完成的进度以及构成该具体数学课程的核心概念的分解。在图 5.8 中,填充颜色的数量表明在该学习路径中达到的掌握程度。在左侧,自适应程序为学生的学习路径提供建议。顶部的进度条显示了学生在该课程中已经掌握了多少内容,还剩下多少内容。该程序在大学里被用来评估数学水平和差距,以及更好地适应学生的进度和进展。

反思 AI

- 作为教育工作者,你认为 AI 可以通过哪些方式帮助你?
- 根据你所学到的知识,你认为将来可能有哪些方式?
- 在机器无效的情况下,你有哪些能力在支持学生方面表现出色?
- 你如何看待在课堂上使用面部识别来识别情绪或行为?
- 更智能而不是更努力地工作意味着什么?

教师的重要性:AI 增强体育课的教学案例

激励并不局限于数学、工程或美术领域。体育是教育工作者可能开始使用人工智能来支持学习的另一个领域。在体育行业中,人工智能被用于分析行为表现、人体生物力学和健康数据,为行为表现和训练提供教练支持(SportTechie,2018)。

Seismic(myseismic.com)正在解决人体生物力学问题以提升表现,使用 Motion Science(tinyur.com/yalqm6j)平台实时跟踪身体运动。数据已经支持在旨在改善姿势的可穿戴技术(Lumo Lift)中使用人工智能,而跑步者教练平台(Lumo Run)已证明可以有效地帮助跑步者提高表现并提高他们的跑步时间(Bradley, 2017)。

虽然人工智能将继续发展,并产生更多旨在支持田径和运动训练的可穿戴技术,但教育工作者和教练仍然很重要。格鲁丁在2018年5月5日的一次谈话中提出:

> 我的例子来自我的第一份有偿工作,即网球教练。看起来我们所做的就是教如何击球。当时,你可以从录像带和后来的优兔上获得有关如何击球的指导,但这并没有让网球教练失去工作。人工智能可能会做什么?假设它变得非常出色,可以从分析视频中识别出球员的每一个错误。(我怀疑它现在可以做到,我的猜测是它可能会向教练提出建议,而教练可以通过看视频并做更好的分析,但我们只是假设它可以。)它可以识别学生在正手和反手犯下的八个错误。它通知了教练,教练会失业吗?不,教练会评估学生的情况,并决定他或她的积极性。目前尚不清楚学生听到这些动作中的八个问题时会有什么反应。也许教练一开始只会提到三个问题,决定现在重点解决哪两个,以及考虑在击掌和去洗澡之前要如何激励学生。作为一名网球教练,实际上我认为有两件关键的事情:(1)保持球员的积极性和训练(我的建议是,找一个你喜欢的人一起并经常打球);(2)教他们正确发球,因为没有人能自学好发球。当然,我可以帮助他们击球,但动力是关键。识别和机器学习系统不会出现在那里。

开发聊天机器人

阿肖克·戈尔将认知系统、机器人和机器学习的简化交叉点称为尚未集成的人工智能的一部分。他还因与吉尔·沃森(Jill Watson)合作而闻名,这是他为大学课程创建的聊天机器人。他在佐治亚理工学院的常规课程最多有几十名学生,但他有来自世界各地的400名在线学生。他在一个学期内处理了超过 10 000 个问题——这是他和他的员工无法承受的工作量。而且,正如我们之前听到的那样,亲自参加课程的人和在线学习的人之间的学习存在差异。教育研究员凯蒂·乔丹(Katy Jordan)证明,只有不到 15% 的学生在注册后真正完成了 MOOC 课程(katyjordan.com)。戈尔在教授基于知识的人工智能课程时创建了智能导师吉尔·沃森。尽管吉尔·沃森并没有立即有效地回答,而且还提供了一些奇怪的答案,但它在回答基本问题方面的有效率达到了 97%。然而,为了开始训练,他需要上传四个学期的数据,其中包括 40 000 个问题和答案,以及其他聊天内容。

戈尔告诉《连线》杂志,吉尔·沃森还没有准备好教授或承担人类助教的职责:"我们不是再过几个月或几年。至少在我看来,我们需要几十年,也许是几个世纪。我们(人工智能专家)中没有一个人认为我们会在 100 年或更长时间内建立一个虚拟教师。"

了解 AI

- 在《连线》杂志中阅读有关阿肖克与吉尔合作的更多信息:wired.com/2016/12/a-secret-ops-ai-aims-to-save-education。
- 阅读阿肖克与拉利斯·波莱佩迪(Lalith Polepeddi)共同撰写的关于吉尔·沃森和在线教育人工智能应用的研究:smartech.gatech.edu/handle/1853/59104。
- 查看有关自然语言处理的速成课程视频,了解有关聊天机器人和解析答案树的更多信息:youtu.be/fOvTtapxa9c。

当格鲁丁从事聊天机器人项目时,他发现聊天机器人可能比他想象的要困难得多。一方面,让一个人通过一系列问与答,就像电话应答系统一样,是困难的。另一方面,赋予机器人个性也是非常困难的。

使用聊天机器人

虽然虚拟教师距离成为现实可能还有很长的路要走，但你可以使用现有工具与学生创建聊天机器人。聊天机器人——使用对话作为界面执行一项或多项自动化任务的应用程序——在互联网和各种设备上以多种方式使用。它们提供如下服务：

- **信息检索**：查找、参考和信息搜索。例如，"2018 年 12 年级开设哪些科目？"和"星期四的火车什么时候发车？"
- **交易**：查找信息并进行修改。例如，"将我的账户升级到计划 B"和"使用我的信用卡预订周一电影 A 的两张票"。
- **咨询功能**："专家系统"根据用户输入提供建设性指导。例如，"这些学校发的鞋子合适吗？"和"我应该在我的服务计划中添加另一项内容吗？"
- **社交对话**：在机器人的专业领域内感知情绪并进行开放式对话。例如，"你的产品很糟糕，我想要退款"和"我有过可怕的经历，我可以和谁谈谈？"（Afshar，2018）

与学生讨论聊天机器人在我们生活中扮演的角色，并头脑风暴聊天机器人和虚拟助手的其他可能应用。探索以下用于构建聊天机器人的资源：

- 如何在 10 分钟内搭建一个聊天机器人（tinyurl.com/y6u3jofq）：灵感来自雷·弗莱明（Ray Fleming）在 2018 年 1 月的微软学习合作伙伴峰会上举办的关于 Azure 和聊天机器人的研讨会，这个博客将引导你使用各种工具完成搭建聊天机器人的过程。
- 如何在不编码的情况下搭建聊天机器人（tinyurl.com/y868ex8f）：该 Coursera 课程使用沃森自然语言处理功能搭建聊天机器人，不需要编程知识。

> - 使用 IBM 沃森 APIs 搭建聊天机器人（teamtree-house.com/go/build-achatbot-with-watson-apis）：Treehouse 与 IBM 沃森合作创建了这门课程，向你展示如何使用 IBM 沃森和 IBM 云平台提供的自然语言处理服务来搭建聊天机器人。
> - 亚马逊 Lex（aws.amazon.com/lex）：尝试使用与支持亚马逊 Alexa 相同的算法和技术。

全球教育工作者如何看待自己在 AI 教育中的角色

你可能想知道学校是否已经在用 AI 取代教育工作者，以及你的学校与其他学校相比，在培养学生用 AI 迎接未来方面做得如何。我向来自不同国家的一系列教育工作者询问了他们对人工智能的看法。在收到研究人员提醒我不要被头条新闻中的 AI 炒作淹没之后，我想进行更多的调查。毕竟，学会提出问题是为人工智能的未来做准备的方法之一。我发现自己做出了这样的假设：拥有大量媒体头条的国家肯定比美国在人工智能竞赛中更领先。我问的第一个教育家是日本的正头英和（Shoto Hidekazu）。很明显，他的学校正在建立一个坚实的学习基础，让学生为未来的技术做好准备。

正头英和（日本）

正头英和是立命馆小学信息和通信技术部门的负责人与英语教师。由于我在媒体上看到日本在人工智能方面非常先进，我便认为美国的学校在人工智能的使用方面一定远远落后于日本。我问正头英和："关于人工智能的讨论很多，并且人们会问它是否会取代人类来教孩子，你们学校怎么看待这件事？"他回答说："我们正面临这个问题，其实，很多老师并没有想太多。日本已远远落后于其他国家。"（个人通信）我搜索了其他可能提供更多背景的故事，并在日本政策论坛上找到了一篇文章，讨论了人工智能、日本游戏将棋（Shogi）以及 AI 在游戏中的成功，是如何扭转人们对 AI 的态度向着积极的方向转变的（Mataki，2016）。根据我的研究以及与专家交谈的结果，立命馆小学正在为他们的学生做好准备，以迎接未来的发展。他们将在课堂上应用人工智能，在保持人性的同时寻求有效的技术方式来增强我们作为教师的能力。

普提·拉戈帕拉（南非）

普提·拉戈帕拉（Phuti Ragophala）是来自南非林波波省塞什戈的瓦尔基（Varkey）教师大使。2018 年 3 月，我在新加坡举行的全球教育交流中心认识了她，她是普拉·马迪博戈小学（Pula Madibogo Primary School）的前校长。她说，每个人都有与生俱来的智力，智力水平可能存在差异，但现在我们生活在将机器学习与人工智能作为日常生活一部分的环境和时代之中。她说，即使这样，人工智能仍然不应该取代教师。她补充道：

我们需要通过阅读、学习和教学来提高我们的智力水平。而其中一个用于学习的工具就是技术，以便适应我们所处的时代。对我来说，人工智能的作用在于如果没有它，我就不会有今天的成就。今天过着自然的生活是不够的。是的，在过去，也许这是可能的，但那些仅靠自然智慧就能达到生活目的的时代已经一去不复返了。（普提·拉戈帕拉，个人通信，2018 年 3 月）

南青吴（越南）

来自大高（Da Kao）的 2018 年全球教师奖 50 强入围者南青吴（Nam

Thanh Ngo)表示，未来机器可能会取代教师登上讲台，但教师不只是传授知识。教学永远不会成为过时的职业，教师不等于把信息扔出去，希望别人记住，就像把数据复制到硬盘上一样。除了提供知识，它还需要适合每个学科的洞察力和教学方法。到目前为止，还没有迹象表明人工智能有能力教孩子们拼写或算术。他预计人工智能会帮助人们努力工作，但它不能取代人类。

安杰利基-帕帕（希腊）

来自希腊雅典的安杰利基-帕帕（Aggeliki Pappa）是瓦尔基教师基金会的大使，也是阅读障碍学生的引领者。她就这一话题发表了看法，她说："正如生活中的所有事物一样，它们会根据我们使用它们的方式变得有用或危险。答案在于我们的选择。让我们明智地利用技术为我们的共同利益服务，尊重所有不同的特征和特点。"

教师与其担心可能会被人工智能取代，不如从拥抱技术中受益，并将其作为一种工具，以提高他们促进深度学习的能力。随着机器学习和自动化取代与教学相关的更多的重复性任务，教育工作者将有更多时间专注于学习的人性化方面。与人工智能并肩工作，教师可以提高学生的学习成绩，同时也可以模拟出学生在未来工作中会遇到的人机协作类型。

第六章
道德考量

一个生病的婴儿和那个没有躲在报纸后面的男孩

剧中人

阿尔杰农·赫里斯（Algernon Herries）：英国一所男子学校的校长
彼得里克（Petherick）：该校的一名学生
楚夫（Chuff）：该校的一名学生
母亲：一位带着生病婴儿的火车乘客
婴儿：剧情的导火线

场景

校长在他的退休庆典上发表了简短的结束语，其间他回忆起了以前那些令人难忘的学生。

时间：20世纪40年代中期的一个春天

第二幕

场景6

132　启幕：英国一所男校的校长即将从其工作多年的岗位上退休。在庆祝他退休的晚宴上，人们纷纷表示祝贺并送上礼物。校长用简短的讲话回顾了自1904年以来他所支持和指导的许多非常成功的学生——尽管他拒绝为他们的学术成就邀功。他相信，只要有同样的材料，他们在任何机构都会取得同样的成功。最后，他用一个故事定义了他所认为的成功。

校长发言：……但是，帮助两代具有进取心的男性具备耐心、宽容、良好的友谊和理解别人观点的能力等素质——我认为这些素质是民主的基石——那是另一回事。我马上就要讲完了——我是不是听到后面有人松了一口气？但让我以最后一件轶事来结束，这是我今天早上翻阅《老男孩》杂志时想到的，我想从这无休止的告别词中寻找灵感。

133　这是一件微不足道的小事，但当时一定给我留下了深刻的印象。否则，我为什么近20年里一直记着它呢？这件事涉及两个男孩，彼得里克（Petherick）和楚夫·罗杰斯（Chuff Rodgers），他们陪我坐火车到巴科姆（Barcombe，英国东萨塞克斯郡的村庄），当时我们正在为那年的歌剧做悬

善演出。正值圣诞节，火车上挤满了人。我们终于在一个包厢里找到了座位，那里有一个年轻的女人正在给婴儿喂奶。但刚出发没一会儿，婴儿突然生病了……我清楚地记得可怜的彼得里克的表情，他躲在我的《泰晤士报》后面。尽管报纸是颠倒的，但像这样的事情不会打扰到彼得里克。他是我们的天空火箭队的一员，后来成为一家著名保险公司的总裁，并获得了大英帝国官佐勋章（Officer of the Order of the British Empire, O. B. E）或任何给保险经纪人精英的奖项。但我想的不是彼得里克，而是楚夫。他总是很不走运，一直蒙受生意的打击。面对这一场景我不知道如何是好，但楚夫知道。他迅速掏出一块手帕，这是我见过的唯一一块干净的手帕，他斜靠着，擦了擦婴儿的脸，然后擦了擦这位母亲的膝盖。当我说"擦"的时候，我的意思是擦干净。不是轻轻拭去，而更像是一次全面的清理。在那之后，我们度过了一段平淡无奇的旅程，罗杰斯一直在发出舒缓的声音，直到联轨站。

此刻，你们中的一些人可能会认为这是结束我们今晚在这里举行的常规烟花表演的一个哑炮，有这么多亲切的演讲，以及如此精美的告别礼物，但你们知道事实并非如此。至少对我来说，这与我们所有人这些年在荒原上从事的工作是非常相关的。对于楚夫·罗杰斯来说，愿上帝保佑他的笨脑袋，他一生中从未赢得过任何奖品或比赛。他也没有时间做他唯一能做的事情——养家。他在第一次伊普尔战役中被杀，但我仍然记得他，比我对彼得里克的印象还要深刻。事实上，当我今天早上看到他的名字时，我认为他是我们取得的杰出成就之一。(Delderfield, 1972)

场景6结束

AI 人性的一面

一位母亲在拥挤的火车上带着生病婴儿的故事与关于人工智能伦理问题的章节有什么关系呢？在历史小说《为他们服务一生》(*To Serve*

Them All My Days，1972)中，讲述了 1918 年至 20 世纪 40 年代中期英国一所私立男校的故事，这位即将退休的校长回顾了他作为教育家的职业生涯。他在 20 年后回忆起的故事是，一个男孩关怀地用他的一块干净手帕帮助一位母亲和她生病的孩子。他没有为了自我保护而回避生活的混乱，他表现出了同情心。想象一下，当有人足够关心而去帮助这位母亲时她的感受是什么。这个学生是学校的"杰出成就"之一——不是因为他赢得了奖项或荣誉，而是因为他作为一个人所给予别人的东西，即使是以一种看似微不足道的方式。年轻人可以通过正规教育获得学术内容知识，但这个故事提醒我们，正规教育应该不仅仅包括知识内容。它应该能够将人培养成有生产力的公民，从而让世界变得更加美好。当他们与人工智能等强大的技术互动时，这一点尤其重要。

我们希望我们的年轻人在完成正规教育后能够做什么？

技术放大了我们作为人类的身份。正如我们从计算机的简史中了解到的那样，保护性法律落后于技术创新。如果我们允许人工智能在不参与道德讨论或制定可执行政策的情况下继续快速发展，那么新的学习领域将很快重新启动荒野西部（Wild West)①。教育工作者可以通过讨论数字公民、道德和哲学帮助年轻人思考人工智能的影响。让学生制定班级政策和执行政策的方法也是很好的第一步。观看以下视频，了解学生创建的政策示例：tinyurl.com/y8rzo68x。

本章讨论了教师在与学生探索人工智能时需要关注的道德问题，包括失控、隐私泄漏、网络欺凌和网络攻击。学生们需要与成年人一起参与这些讨论，因为他们这一代人将会受到我们现在所做选择的影响。

失去控制

想象一下你和英国校长及他的学生们一起坐在火车上。然而，这一

---

① 开拓时期，尤指尚无法制的美国西部。——译者注

次刹车失灵了，火车正向灾难驶去。但你离一个开关非常近，可以将火车转向另一条轨道。你会为了救大家而这样做吗？

现在想象一下，轨道上有一个工人，如果火车改道，他就没有时间让开了。你会怎么做？你会选择牺牲这个工人来拯救母亲、婴儿、阿尔杰农·赫里斯、彼得里克和楚夫吗？这是英国道德哲学家菲利帕·福特（Philippa Foot）在 1978 年提出的一个经典的伦理学思想实验的基本概念（Wikipedia，2018）。

埃莉诺·尼尔森（Eleanor Nelsen）在她有关伦理的 TED‑Ed 演讲中提出了一个类似的问题：你会选择牺牲一个人来拯救五个人吗？在讨论这一两难问题以及它与人工智能的关系之前，请与全班同学一起观看视频：tinyurl.com/yc3ztdb5。

随着人工智能的不断发展，我们的社会将继续面临技术力量所带来的新挑战。例如，自动驾驶汽车如今已经在路上行驶。虽然这些汽车最终可能比手动驾驶汽车更安全、更熟练，但它们无法完全避免事故。如果遇到不可避免的事故，我们应该如何为汽车设定程序？观看关于自动驾驶汽车伦理困境的 TED‑Ed 演讲：tinyurl.com/y7dau2aj。

机器反映了它的编程方式。今天的年轻人将在未来做出关键的决定，决定为复制人类智能而制造的机器在危机情况下将如何表现。用于训练这些机器的数据将对它们的响应方式产生深远的影响。随着人工智能变得越来越强大，我们在塑造它的同时也在塑造着我们，因此它未来的管理者将需要智慧和远见来保持人类对我们所创造的技术的控制。

失去隐私

为了创造真正的人工智能，我们正在开发需要大量训练数据才能发挥作用的认知系统。但这些数据从何而来？首先，公司一直通过 Siri（苹果公司开发的语音助手）、Cortana（微软公司开发的人工智能助理）、

Alexa（亚马逊公司开发的智能语音助手）、Google Home（谷歌公司的智能家居设备，内置语音助手）、Facebook（美国的一款社交软件）和其他消费者技术（consumer technologies，指供普通大众消费者使用的任何形式的技术）从我们这里获取大量信息。最终，这些数据的使用可以在从提高安全性到更好地诊断疾病等多方面造福社会。但我们愿意放弃多少隐私作为交换呢？

在线隐私

在线隐私指在线访问、收集和分享个人身份信息，包括我们的浏览习惯和历史，以及我们使用网站和应用程序分享的个人信息。Z世代（Generation Z，千禧时代之后的一代）指 1996 年至 2010 年之间出生的人，他们将是第一批从小生活在智能手机时代的人，想想他们在网上开展业务时分享了多少关于自己的数据。

面部和语音识别

在中国，警方正在使用智能人脸识别来识别行人，并立即处理交通违法行为（Anwar, 2018）。他们还在课堂上通过人脸识别每 30 秒扫描一次学生（Jamal, 2018），以评估他们对所接受教学行为的反应（tinyurl.com/ybt5dl39）。当然，这也带来了一些问题，我们的个人数据发生了什么变化，如果落入坏人之手会怎样。附在个人身份上的数据可以保留多长时间？是否会影响未来雇主在招聘时的看法？

除了视觉数据，研究人员还从 1 700 多名婴儿身上提取音频以发现他们哭声的模式。这项研究的积极一面是人们正在寻找自闭症的检测方法以进行早期干预（tinyurl.com/yandtxyf），并帮助父母区分婴儿疼痛的哭声。机器现在可以识别频率模式和声音与静音比率的变化，使其能够正确标记 90% 的疼痛哭声。

网络欺凌

虽然欺凌行为在社会教育系统中已经存在了几个世纪,但技术为其表达提供了一个新的媒介。科顿和格雷斯蒂(Cotton 和 Gresty,2006)警告说,"技术不会自动增强学习",而网络欺凌正是其表现不足的一个领域(tinyurl.com/yd8kswvn)。网络欺凌已被证明会造成重大的社会、情感和学术的伤害(Feinberg 和 Robey,2009;Juvonen 和 Gross,2008),其对学生的影响与过去两个世纪以来对"公民教育"的呼声不符(Soder,2004,p. 100)。

技术加速、扩展和放大了我们做事的方式(Gibbs,2010,p. 34)。一些网络欺凌的例子已经传播开来,证明了技术在数字空间中放大攻击性声音的毁灭性力量。当一个 15 岁的孩子用学校的摄像机录下自己私下表演《星球大战》(Star Wars,美国科幻电影)中的场景时,他学校的四名学生获得并分享了这段视频——不仅与其他同学分享,而且还在网上分享,导致其在网络中疯狂传播。在随后网上和当面的仇恨性评论的冲击下,这位被称为"星球大战小子"的学生离开了学校,并对这四名学生的家人提起诉讼。

网络欺凌及其受害者

星球大战小子

阅读关于"星球大战小子"和他现在的处境:

- tinyurl.com/ybtnp2s5
- tinyurl.com/yawbhkna

教师与网络欺凌

虽然人们很容易认为网络欺凌是针对学生的,但成人教育工作者正日益成为目标,尽管这一现象在研究和媒体中鲜有报道。

- 阅读关于土耳其教育工作者被欺凌的研究报告:files. eric. ed. gov/fulltext/EJ1057367. pdf
- tinyurl. com/yawbhkna

了解针对教师的欺凌行为的上升情况:
- teachingtimes. com/articles/cyber-bullying-teachers. htm
- theeducatorsroom. com/the-bullied-teacher

网络攻击

信息是有价值的,但大量储存在技术中的数据使我们容易遭受网络攻击。这些攻击的形式多种多样,从恶意软件到网络钓鱼,再到黑客攻击,甚至会导致银行账户号码、私人医疗记录等被盗。道格·伯格曼(Doug Bergman)是南卡罗来纳州查尔斯顿的波特-高德学校的计算机与信息科学系主任,他针对人工智能如何帮助支持网络安全工作提出了以下观点:

恶意软件和病毒制造者将其代码植入毫无防备的计算机的方法之一是在正常网络流量中"隐藏"他们的恶意代码。黑客对他们的代码进行加密,使其看起来像正常的网络流量。一旦它通过了过滤器、防火墙和反恶意软件程序,它就会取消加密并提供不受欢迎的有效载荷!每天数以万亿的网络数据包在互联网上运行，很难进行有效监管。我目前正在佐治亚理工学院攻读在线计算机科学硕士学位。在其中一门网络安全课上，我们被教导要像黑客一样思考，这样我们就可以在同一个竞技场上与他们"战斗"。机器学习和人工智能被用来帮助区分已知的恶意网络流量和正常的良性流量。人工智能软件可以显示已知的非恶意流量，确定和识别有助于区分恶意流量的模式。也可以用于预测，这意味着可以查看新的未知流量数据并精准预测该流量是否存在潜在危险，预测的准确性取决于"训练"数据的多少。这是人工智能帮助我们保持互联网更安全的一个例子。（道格·伯格曼，个人通信，2018年）

法律和法律制度

即使儿童成为技术驱动的犯罪的目标，我们的法律仍然落后于创新与技术。人工智能可以成为网络欺凌的强大工具，从编程去收集和传播关于目标的虚假信息的机器人，到发送大量不需要的信息的垃圾邮件，再到创建和传播欺凌受害者说或做尴尬事情的虚假视频。机器人可以被编程为在网上"跟踪"其目标，传播关于受害者的虚假和负面信息。但受害者几乎无法控制犯罪者的所作所为，导致他们失去了对个人隐私的控制。

劳拉·乌墨茨（Laura Umetsu）是华盛顿大学的讲师及刑法、家庭暴力法、家庭法和残疾人法方面的律师，她认为在不断变化的就业市场中，雇主越来越多地使用人工智能来梳理关于潜在候选人的负面数字证据，导致人工智能也可以用以破坏个人的长期工作前景。人工智能机器人可以永远存储负面数据，他们的目标可能永远无法清除机器人收集的恶意信息。

传播的错误信息越多，被骚扰方就越难消除它。受害者最终可能只有很少或无效的选择来对抗恶意机器人的负面影响。删除在线个人资料可能会影响多年的自我品牌推广工作。受害者可以聘请公关公司创建传播正面信息的机器人,但网络欺凌者可以通过正面公关渠道对恶意机器人进行编程,以更多的负面信息进行反击。

人工智能可以也将会被用来使学校环境中的欺凌行为对其目标更加高效、更具破坏性。如果学校管理者和立法者没有对如何解决人工智能的这些隐患做出重大改变,互联网将越来越成为一个需要驯服的野蛮领域。

即使是最初没有被训练成恶意的机器人,它们也可以在网上向恶意的人学习。人工智能聊天机器人 Tay 由微软设计,旨在向推特(Twitter,美国移动社交网站)中 18 至 24 岁人群的对话学习,但它开始发表不恰当的评论,因为它被"教导"像纳粹同情者、种族主义者和种族灭绝支持者等人一样发推特(Wakefield,2016)。

这引出了一个有趣的观点,约瑟夫·弗兰克(Joseph Frank)在关于陀思妥耶夫斯基(Dostoevsky,俄国小说家)传记最后一卷的评论中提到了这一点:

陀思妥耶夫斯基本人从不厌倦这样的争论:人们可以了解一个人的一切,但仍然无法预测他接下来会做什么,如果这种情况可以重演,同样的人在同样的情况下可能会做其他事情。对人类行为而言,没有什么是不可避免的。(New Criterion,June 2002,p. 87)

如果人类的行为没有什么是不可避免的,那么我们创造的人工智能也没有什么不可避免的。当我们创造出复制人类智能的机器时,我们必须意识到它们的行为可能变得不可预测——就像人类的行为一样。此外,如果设计智能的人类在道德和伦理行为方面没有坚实的基础,其将会转移到机器上并在现实世界中被放大。这也是对年轻人进行社会和情感学习、哲学和伦理方面培训的一个重要原因。在开发人工智能教学方法时,我们应该考虑无意识的偏见是多么容易渗入到训练数据中去。

美国人民喜欢自由地行使言论自由权,即使有时会伤害社会中的其他人——正如我们在网络欺凌中看到的那样。这会造成非常令人不安的社交媒体氛围,但问题不仅限于美国。在全球的思想交流中,人工智能有能力将一些信息提升到搜索结果的顶端,同时压制其他信息。如果不保持警惕并有意识地寻找反面的例子,用户可能很容易陷入错误信息,因为它比真相更为明显。媒介素养速成课程(youtu. be/rR7j11Wpjiw)包括对"媒体的阴暗面"的重要讨论。以下是对部分内容的概述:

宣传。指的是"用于宣传特定观点、改变行为或激发行动的信息。有时这些信息是事实和想法,有时是舆论、故意误导或偏见"。宣传本身并不是有害的,但它通常与恶意的行为者有关,他们利用宣传来操纵公众做或相信他们原本可能不会做或相信的事情。

虚假信息。人们可能会使用虚假或误导性的信息,故意混淆和分散目标受众的注意力。虚假信息可以制造幌子,混淆问题的真相,分散大众的注意力。借助互联网的覆盖范围扩大和创建数字媒体的广泛传播能力,世界各地的人们可以组织协调一致的虚假信息活动。

错误信息。无意中的不准确信息可能是意外的结果,也可能是报道中的真实错误。我们新的网络媒体环境改变了这些错误的产生方式以及它们对人们的影响。错误的信息可能导致错误的决策,并带来严重的后果。

诸如宣传和造谣的策略不仅被政治家使用,它们也被学生用来对付其他学生,以及被学生和家长用来对付学校教师。与南非、日本、澳大利亚和中国台湾的学校领导的谈话显示,世界各地都有类似的经历。针对教师的暴力行为报道不足,更多的研究正在进行中(American Psychological Association,2018)。

阅读发生在本书作者和其他人身上的一个真实故事,那时网络欺凌的对象不再仅限于教室里的学生:tinyurl. com/y7ajtc4a。

与学生探讨网络欺凌问题

观看电影《这就是我》(*That's What I Am*,2011年上映),看看几十年前技术放大了学生和家长的欺凌行为之前的例子:imdb. com/title/tt1606180。

当"割草机父母"(lawnmower parents,指随时帮助孩子扫清障碍的父母)获得技术时,其结果可能对教育工作者和学校领导是破坏性的:weareteachers. com/lawnmower-parents。

> 家长欺凌很常见，可以分为几大类。这意味着这些行为变得无处不在，需要引起教育工作者和领导的关注。《达拉斯新闻》上的这篇文章描述了三种类型的家长霸凌者，"正义的十字军""有权利的恐吓者"和"恶毒的八卦者"：tinyurl.com/y9t35o9c。

当学校没有认识到这种社会动态的本质时，这些行为便会长期存在并严重扰乱教育过程。对教师的欺凌会逐渐蔓延，进而影响学生的行为，他们甚至与实施攻击的家长并没有关系——技术将放大这一问题。作为一名教育工作者，创建一个积极的数字足迹将帮助你提供一个公共记录，当有人提出虚假指控时你可以加以指出。这种积极的数字足迹可以作为反驳虚假信息的论据，如果需要它，甚至可以在法庭上作为证据。对于那些不愿发表自己的作品或创建个人品牌的教育工作者来说，如果没有其他原因，这应该是一个令人信服的开始。

网络欺凌的资源

> - 请参阅学生可以用来报告欺凌行为的学校表格示例：rentonprep.org/harassment-intimidation-and-bullying-reporting-form
> - 查找预防网络欺凌的资源：stopbullying.gov
> - 利用来自"常识媒体"(Common Sense Media，用于家长为子女作出数字资源选择)的课程教授数字公民：commonsensemedia.org

解决课堂中的网络欺凌问题

与你的学生再次访问太平洋西北部树章鱼网站(the Pacific Northwest Tree Octopus，该网站的宗旨是保护树章鱼)：

zapatopi.net/treeoctopus。一旦他们认为不会再被欺骗了,一个月后再向他们介绍有关一氧化二氢的网站:dhmo.org/facts.html。

与学生们讨论:
- 你目睹过哪些网络欺凌的例子?
- 你做了什么?你向谁报告了这件事?
- 你未经核实就相信媒体的例子是什么?
- 太平洋西北部树章鱼和一氧化二氢网站都是骗局,他们还有哪些相同点?有哪些不同点?一氧化二氢是如何利用扭曲的真实信息来引导人们相信不同的东西的?
- 为什么网络欺凌会成为未来人工智能的担忧?网络攻击呢?

机器人法则

来自克罗地亚共和国萨格勒布市(Zagreb, Croatia,位于欧洲中部)的前微软教育行业领袖丹尼尔·巴塞利奇(Danij Bacelic)断言,重要的是开始思考,让学生思考人工智能和计算机应该做什么,而不是它们能做什么。根据他在三星集团担任高管和惠普公司担任总经理的经验,他认为教育工作者需要关注两个重要方面:(1)法律和监管;(2)教育工作者现在可以做些什么来培养人工智能用户和未来开发者的道德行为。

一旦我们确定了这一点,我们应该为开发、测试和部署人工智能制定一些原则与道德规范。在我们的教育领域,我们应该对其进行修改,以便在课堂内外使用。巴塞利奇建议考虑机器人三大定律,也被称为阿西莫夫定律,由科幻作家艾萨克·阿西莫夫(Isaac Asimov)于1942年创造,取自虚构的《机器人手册》(Handbook of Robotics,公元2058年第56版),分别是:

1. 机器人不得伤害人类个体,也不得在人类个体遭受危险时袖手旁观。

2. 机器人必须服从人类发出的命令,除非与第一定律发生冲突。

3. 机器人要尽可能保护自己,只要这种保护与第一或第二定律不冲突。

阿西莫夫后来在其他定律之前增加了第四条定律:

4. 机器人不得伤害人类,也不得在人类遭受危险时袖手旁观。

尽管这三条定律是作为科幻小说来写的,但它们影响了人们思考与人工智能相关的伦理问题的方式。

反思 AI

- 为什么机器人三大定律对规划人工智能的未来可能有帮助?
- 回想 TED-Ed 视频中"机器人"一词的含义(tinyurl.com/yd9hmdxh)。三大定律如何帮助人们思考我们将怎样与复制人类智能的机器互动?
- 如果不遵守这些定律,会有什么后果?
- 丹尼尔·巴塞利奇还建议考虑人类和人工智能之间可能发展的情感纽带,以及这些纽带可能对幼儿产生的潜在影响。与机器结合可能会如何影响整体的情感和身体发育?
- 这与人类之间、机器人之间以及人与机器人之间的社会文化学习和互动对话有何关系?

游戏和流氓 AI

我用游戏《传送门 2》(Portal 2，一款解谜游戏)进行了四年的课堂游戏研究。我的初中和高中学生先是作为参与者加入了这项研究，后来又作为研究人员参与构建、设计和实验，重点关注新的学习迭代。最近，我询问詹妮弗·费尔南德斯(Jennifer Fernandez)是否愿意分享她对伦理及人工智能是如何表现的等的看法。她目前正在通过"美国英才教育"(Running Start)①进入大学学习，曾与我一起出席了多个会议，包括西南偏南教育会议(sway. office. com/y7VhZuqEZXNuXx6Z)②、ISTE 会议和纽约科学院会议(youtu. be/CDAmkHikHEk)。詹妮弗讨论了游戏《传送门 2》中的主角 GLaDOS：

在维尔福集团(Valve Corporation，美国一家游戏开发公司)推出的一系列益智游戏《传送门》和《传送门 2》中，玩家将扮演 Chell，一名非自愿的试验对象，在一家名为光圈科学(Aperture Science)的科研公司设备中破解谜题。

在这两款游戏中，很多玩家的测试之旅都是由 GLaDOS 讲述的，她的背景故事和她的个性一样具有标志性与独特性。

GLaDOS 是由光圈科学的创始人凯夫·约翰逊(Cave Johnson)设计的一项实验所形成的。他以桀骜不驯和打破常规的个性而闻名，他通过将自己的个性和意识"输入"电脑，找到了一种逃避死亡的方法。然而，在他的工程师想出办法之前，他的身体状况开始恶化，因此领导权转移到了他的助理卡罗琳(Caroline)身上。当"基因生命形式和磁盘操作系

---

① 美国双学分计划，允许 11—12 年级的学术合格学生在线或在提供课程的学院校园内学习大学课程。——译者注

② 是每年在美国得克萨斯州奥斯汀举行的一系列电影、互动式多媒体和音乐的艺术节大会。——译者注

统"的开发完成后,卡罗琳被选中,但更可能是被迫"输入"到计算机中。然后她成为了 GLaDOS,一个控制着光圈科学巨大研究设施中每一个功能的人工智能。

很明显工程师犯了一个巨大的错误,当 GLaDOS 被激活时,她用一种致命的神经毒素淹没了整个设施,几乎杀死了里面的所有人。GLaDOS 似乎是寻求报复的卡罗琳,是一个残忍的虐待狂。光圈科学的工程师们设计了"人格核心"(personality cores)附加于 GLaDOS 身上,以减弱她的敌意。为了测试她的对象,GLaDOS 花了大部分游戏时间带领 Chell 通过测试室,并对她的外表和个性进行冷嘲热讽(詹妮弗·费尔南德斯,个人通信,2018)。

类似于 GLaDOS 的故事,人工智能失控的故事已经成为科幻娱乐的原型。这些模型对现实世界中人工智能的发展提出了一种并非完全不切实际的担忧。许多人担心机器人会接管世界,尤其是现在一些主流媒体的头条声称机器人将代替我们的工作。另一些人则担心,具有思考、情感人格、意识的人工智能将会出现并征服人类。然而,没有理由认为,一旦超级智能能够被创造出来,它会立即为统治世界而奋斗——除非有人编程让它这样做。目前,人工智能只会按照程序员和工程师的意图进行思考。

就业市场的变化

在互联网上快速搜索就可以发现一系列相关文章,表明人工智能将迎来就业市场的重大变化。电影《不需要人类》(*Humans Need Not Apply*, youtu. be/7Pq-S557XQU)对即将发生的就业市场转变与工业革命期间的农业转变进行了比较,当时马匹被淘汰了。

了解就业市场

> 观看速成课程视频"经济系统与劳动力市场：社会学速成课程"，看看你能从就业市场学到哪些知识：youtu.be/wslCc0Di978。

很明显，有一些东西是机器在我们的有生之年，甚至下个世纪都无法取代的。乔纳森·格鲁丁从20世纪70年代开始就在人工智能领域工作，见证了人工智能的寒冬来来去去。以下是他对这个话题的看法：

我非常有信心地认为，包括人工智能在内的技术将继续增加就业岗位的种类和数量。但是，新的工作将会有所不同，在大多数情况下需要不同的技能，这种转变对许多人来说将是颠覆性的、困难的，甚至是灾难性的。农业使狩猎采集者失业，但却创造了大量我们称之为文明的新职业。大约四分之三的美国人在工业革命前从事农业工业；现在却不足2%，但随着人口的增长，我们创造了数以亿计的新工作。技术使成千上万的电话接线员、旅行代理商、摄影胶片加工者、煤矿工人和秘书失去了工作，然而失业率很低，空缺职位的数量却很高。如果所有的工作都是自动化的，那么人们接受教育的需求就会减少。但每个月我都会发现一些在技术出现很久以前是不存在的新工作，通常是在与技术没有直接联系的领域。我们面临的挑战是让学生们为填补这些岗位和创造其他新岗位做好准备。（乔纳森·格鲁丁，个人通信，2018）

虽然工作和职业路径可能会改变，但我们在这里的讨论一直聚焦于利用技术来增强我们的能力，同时帮助人们培养同理心和让世界变得更美好的愿望。我们也指出了我们作为人类的一些独特能力，包括流动性、灵活性、在看似不同的想法之间建立联系、展示情感、激发变革的同理心，以及将学习从一个领域迁移到另一个领域。并非所有的人都使用或实践他们所有的能力。作为教育工作者，我们的工作首先是为自己做这些事情，然后成为我们学生的榜样，向他们证明即使遇到了失败和挫折，我们也愿意学习和成长。

让学生们接触哲学、政治学和经济学的观点在未来是很重要的。它将帮助我们利用过去确定我们在哪里做错了，以及如何在未来做不同的事情。在故事《小王子》(*The Little Prince*)中，主人公观察了一名铁路扳道工的动作、选择和行为。扳道工告诉小王子，大人们经常去不同的地方，但却不知道自己在寻找什么。小王子总结道："只有孩子知道他们在寻找什么，他们把时间花费在布娃娃身上，于是那个布娃娃就变得非常重要；如果有人把它拿走，他们就会哭……"

作为教育工作者，我们很容易陷入无休无止的境地，不断寻找新的课程以期达到我们想要的目的。作为寻求复制人类智能的成年人，我们很容易形成一种线性思维，而忘记了赞叹人类的复杂性或者考虑如何放大我们作为人类的优点，以便当我们与机器互动时我们可以成为最好的自己。

当我们在通往人工智能未来的轨道上飞速前行时，我们面临着一个选择：我们可以承认与世界打交道的挑战和复杂性，或者我们可以看看在筛选这些伦理考虑的艰苦工作中所花费的时间、精力和负面情绪，并认为这花费了太多的努力。回想一下本章的引言和问题：一位母亲在冬天拥挤的火车上带着生病婴儿的故事与关于人工智能伦理问题的章节有什么关系呢？我们可以像彼得里克一样躲在《泰晤士报》后面，也可以像楚夫一样决定完全参与到生活中的混乱中。当我们发现一种需求时，躲避它往往比像楚夫那样主动行动更容易，尤其是当这种行动不能确保得到公众认可时。然而，最终楚夫是校长记忆里学校的"杰出成就"之一。在他短暂的一生中，楚夫参与其中了。虽然他没有得到任何赞誉，但当他看到一位母亲和她的孩子时，他对人类的关心足以让他为之付出代价。他伸出了援手，表现出了正直和谦逊，显示出他是使这个世界变得更美好的公民类型。尽管他从来没有自己的家庭，但他精心地对待另一个人的孩子，这些都是生活在一个人工智能日益增长的世界中的人们所需要的品质。

有些人已经奉献了数十年的时间来解决有关人工智能的挑战,他们目睹了人工智能增长顶峰时期的兴奋,也看到了人工智能的寒冬时期的进展缓慢。当我们把这些低谷时期与生活中的寒冬联系起来时,我们可以寻找携带成长种子的独特的人类时刻。我们可以从过去的人工智能的寒冬中学习,并将这些知识迁移到当下。我们将选择什么行动?我们是否会挑战人工智能运动以增强人类的优点?

回想一下在第一章中,5岁的库博和6岁的莱拉遇到机器人时的惊奇和兴奋。想想他们年轻时的乐观,他们急切地接近机器人,渴望互动。如果机器人有反应呢?它的行为将如何塑造他们对人工智能的看法以及处理未来互动的方式?为了实现我们的技术目标,人们很容易忽视有关人工智能的伦理考虑,但这些考虑将深刻地影响个人生活以及整个社会。我们在明确让年轻人完成正规教育目标的同时,也需要思考我们在人工智能方面的目标,以及我们希望我们的后代拥有什么样的社会。回想一下芭芭拉·格罗斯(Barbara Grosz)的评论:"我们已经知道如何复制人类智能:我们有孩子了。所以,让我们寻找能够增强人类智能的东西,能够让人类智能更好的东西。"

从春天里青春洋溢的乐观形象,到一位校长回忆很久以前在冬天里发生的难忘故事的经验和智慧,我们看到了这本书中的更宏大的故事的发展,以及它是如何跨越地理位置、时间和地点与人类对话的。我们看到了使我们与众不同的互动、目标和故事,它们的线索交织在一张仍在编织的画卷中。

人类的任何特征都可以以积极或消极的方式被应用,就像技术可以用来扬善或制造伤害一样。抓住每一个机会为你的年轻人树立榜样,即使一些问题看起来十分混乱和不完美,但你愿意接受挑战、解决问题,因为你有机会产生积极的影响。在这本书中发声的人们已经产生了影响。总的来说,他们的发声为人工智能的过去和未来增添了丰富的内容。在人工智能的发展时期,随着我们增强自身最佳潜能的蓬勃发展,这本书仍然是关于人类的。

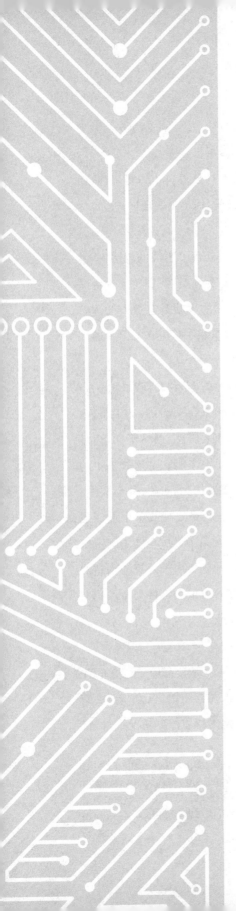

结论
我们可以提供什么：求真务实

如果一台机器能够通过测试，或者赢得《危险边缘》①（*Jeopardy*），那么你可以为学生提供什么才能使他们比机器做得更好呢？

求真务实：存在，而不是显露。自由，而不是显得自由。要坚强，而不是显得坚强。要忠诚，而不是显得忠诚。被爱，而不是表现出被爱。

成为人类，而不是看起来像人类。

在本书中，你已经有机会学习了新的词汇，处理了不同的想法，并发现了看似不相关的概念是如何相互联系的。作为人类，我们建立这种联系的能力超越了机器进行模式匹配的能力。你的大脑具有惊人的理解事物的能力，可以更深入地研究——抽取意义，然后将其应用于新的环境或解决方案。这就是创新所在的空间。

评论家称赞詹姆斯·乔伊斯（James Joyce）的《尤利西斯》（*Ulysses*）和安托万·德·圣埃克苏佩里（Antoine de Saint Exuprey）的《小王子》都是非常好的书，但从表面上看，它们读起来却令人困惑、迥然不同，而且毫不相干。这需要读者有一定的背景和基础知识才能欣赏这故事中的引人之处。了解神话、社会文化规范、政治、人类状况、斗争、爱与失去、责任意味着什么，以及培养同理心的能力，这些都是发现故事中更深层含义的必要条件。事实证明，布鲁姆教育目标分类法仍然有助于确定学习的基本技能和至少一些内容的必要性，从而释放出用于分析和创新的认知负荷。基于此，借助人工智能和机器学习的力量来支持与增加我们现有的东西，人机交互可以成为向善的力量源泉。

莎士比亚的《凯撒大帝》（*Julius Caesar*）是一部具有历史意义的戏剧，和莎士比亚的大部分作品一样，它讲述了人类与政治、权力、混乱、欺骗、诽谤的斗争，以及人在不调查事实或以证据支持主张的情况下，被宣

---

① 《危险边缘》是一档美国著名的智力竞赛节目。该节目以问答比赛为特点，比赛通过独特的问答形式进行，节目组以答案的形式向参赛者提供基本知识的线索，而参赛者必须以问题的形式尽快做出简短正确的回应。IBM计算机系统沃森（Watson）曾与该节目最强的两位参赛者同台竞技，并以压倒性的胜利战胜了两位参赛者，获得近30年历史上的最好成绩。——译者注

传所左右的危险。如今，这个故事比以往任何时候都更警告我们，必须为学生做好应对冲突的准备，因为他们在努力解决道德、人格以及我们如何定义智能（人类、动物和机器）的问题。如果一台机器是我们编程所期望的那样，那么关于我们的偏见我们需要理解什么才能让我们避免复制它们吗？我们是否正在有意地寻找反例来提供更多的道德培训数据？

作为教育工作者，我们的责任是让学生为迈向人工智能世界的广阔前沿做好准备，这远远超出了教授计算机科学、统计学、数学和设计思维的范围。我们还必须利用社会文化学习、哲学和伦理学。

当我们着眼于希望年轻人在正式的教育结束后能够做些什么时，我们必须问问自己，我们希望我们的共同体看上去像什么样子——然后超越这个问题，问问我们希望人类成为什么样子。

电影动画片《机器人总动员》讲述了一个警示故事，即当人们把自己不想做的工作委托给机器人时，可能会发生什么。在电影中，随着人类让机器人来接管诸如保持环境清洁等任务，人类变得更像机器人，而机器人则发展出人类的特征，正如在庇护代表新生命的植物时，机器人表现出无私和无条件的爱。全球有些学校正在帮助年轻人为他们的环境和彼此承担责任，从而让学生为人工智能的未来做好准备——成为具有全球意识的人，同时保留他们那些对社会重要的品质。年轻人们不畏惧过去的教训，也不畏惧在前进的过程中开辟新的道路。他们欣然接受了自己的传统和文化，保留了传统，以此来训练有助于人性、品格形成和道德的积极技能。

缺陷和失败

人类和机器都有从错误中学习的能力——但只有人类能从错误中汲取智慧。我们的缺陷值得审视。我们每个人身上的缺陷会驱使我们变得更好，而我们因创伤而留下的伤疤可以指导我们在失败时的选择。为我们的学生树立榜样需要勇气——鼓励他们高度关注在 STEM、

STEAM、设计思维和PBL工作中的错误，以便让他们反思自己的失败，提出正确的问题，并以坚韧的精神继续前进，以找到解决方案。学生们的文档记录会成为他人可以借鉴的模范，是创造持续创新所必需的文化类型。

从失败中学习

> 观看案例，教育工作者如何通过反思自己的学习来为学生树立韧性的榜样：tinyurl.com/y8z4saov。

我告诉我的学生，失败没什么大不了的，但是你不能对失败置之不理。当学生们被训练去识别可以引导他们走向不同道路的问题时，失败是有效的，但如果他们以此为借口不去尝试，失败就毫无价值。一些学生喜欢不通过尝试来得到同伴的回应——众所周知，这会引起大家的共鸣。这让你和老师有机会去谈论如何支持别人从而成为最好的自己。如果你通过鼓励学生不努力来强化他们，这种情况会发生吗？或者，当我们承认事实，并鼓励人们去尝试时，成长会发生吗？孩子们知道尝试却失败的人和不尝试的人之间的区别。他们在观察你会如何解决这个问题。向他们展示你知道他们有能力完成什么。

我们也许不知道未来的职业会是什么样子，也不知道机器何时以何种方式取代某些工作，但我们可以以一种超越时间和地点的方式为学生做好准备。以ISTE标准为指导，培养学生们建立联系、学习和全球合作的能力，将有助于他们变得适应能力强、富有韧性和善解人意。这将有助于他们确定当失败发生时要问的正确问题。他们将成为赋能学习者、数字公民、知识建构者、创新设计者、计算思维者、创意传播者和全球合作者。他们将释放奋发进取的动力和意愿——学习一种新的职业或技能，而不是被机器打败。他们将练习教学，而不仅仅是作为学习者。当他们在教其他人这方面变得更加有效时，他们在教机器上也会变得更加有效。

作为一名教育工作者，无论你是否能接触到最新的技术，或根本没有现代技术，你都可以帮助年轻人超越自己，问问他们如何通过善意做出改变，首先是在他们自己的家庭和朋友中，然后是在当地的社区里。考验他们，看看当他们在寻求本土性和全球化的挑战的解决方案时，他们的同理心会带他们走多远。进行包含真实场景的思维实验，询问他们会做什么以及为什么。鼓励他们质疑，寻找支持其主张的证据，并找到新的表面上看似无关的领域之间建立联系的方法。将他们指向可以综合运用多种技能的范例和职业。让他们练习与那些可能与自己完全不同的人一起共事。挑战他们，让他们去尝试那些可能没有尝试过的新机会。如果你看到一个能产生积极影响的机会，就抓住它——即使你认为自己的影响微乎其微。

当你们一起学习的时候，不要忘记带着5岁男孩和6岁女孩的惊奇、希望、兴奋和敬畏来看待新技术，孩子们决心解决一个挑战，寻找那个丢失的螺丝钉。最好听听"他们"是怎么说的。

术语表

使用此术语表来帮助引导你解释人工智能。所有定义都来自维基百科,除非另作说明。

人工智能的寒冬 AI winter

在人工智能的历史上,人工智能的寒冬是人工智能的研究资金和兴趣减少的时期。这个词是通过类比核寒冬的概念而创造出来的。人工智能领域经历了几个炒作周期,接着是失望和批评,接着是资金削减,几年或几十年后又重新燃起兴趣。

人工智能的夏天 AI summer

当人工智能研究经历一个成长、引人关注和扩展的时期时,它被称为 AI 的夏天。

通用人工智能 Artificial general intelligence

通用人工智能(AGI)是指能够成功执行人类可以完成的任何智力任务的机器。虽然它还不存在,但它是一些人工智能研究的主要目标,也是科幻小说和未来研究中的共同话题。它也被称为强人工智能或全人工智能。

人工智能 Artificial intelligence

人工智能(AI;也称机器智能,machine intelligence,MI)是机器展示的智能,与人类和其他动物展示的自然智能(natural intelligence,NI)形成鲜明对比。在计算机科学中,人工智能研究被定义为对智能代理的研究:任何感知其环境并采取行动以最大化成功实现其目标的机会的设备。通俗地说,当机器模仿人类与其他人类思维联系起来的认知功能(例如,学习和解决问题)时,就会使用"人工智能"一词。

人工神经网络 Artificial neural network

人工神经网络(ANN)或联结系统是受构成动物大脑的生物神经网络启发的计算系统。这样的系统通过考虑示例来"学习"(即逐步提高性能)任务,通常不需要特定于任务的编程。例如,在图像识别中,人工神经网络可能会通过分析手动标记为"猫"或"无猫"的图像并使用结果识别其他图像中的猫来学习识别包含猫的图像。它们在没有任何关于猫的先前知识的情况下这样做——例如,它们有毛皮、尾巴、胡须和与猫一样的脸。相反,它们从它们处理的学习材料中发展出自己的一套相关特征。

自动驾驶汽车 Autonomous vehicle

自动驾驶汽车,也称自动驾驶汽车或无人驾驶汽车,是一种能够感知环境并在很少或没有人工输入的情况下移动的车辆。

阿凡达 Avatar

在计算中,阿凡达是用户或用户的另一个自我的图形表示。它可以采用3D形式,如在游戏或虚拟世界中,也可以采用2D形式,如在互联网论坛或其他在线社区中的图标。阿凡达图像过去也被称为"picons"(个人图标),尽管这个词的使用现在并不常见。它也可以指在早期系统(如MUD)上发现的文本结构。"阿凡达"也可以指与互联网用户的屏幕名称或句柄相关的个性。

基本的人际对话技巧 Basic interpersonal conversation skill

基本的人际对话技巧（BICS）是指使用语言进行日常社交互动的能力。

脑机接口 Brain-computer interface

脑机接口（BCI）获取脑信号，对其进行分析，并将其转换为命令，然后转发到输出设备，这些设备执行所需的操作。BCI 不使用正常的神经肌肉输出通路。BCI 的主要目标是替代或恢复因肌萎缩侧索硬化症、脑瘫、中风或脊髓损伤等神经肌肉疾病而致残的人的有用功能。

来自 www.ncbi.nlm.nih.gov/pmc/articles/PMC3497935。

验证码 CAPTCHA

验证码（/kæ p.tɒɒ/，"完全自动化的公共图灵测试以区分计算机和人类"的首字母缩写词）是一种用于确定用户是否是人类的挑战响应测试。

聊天机器人 Chatbots

聊天机器人（也称 talkbot、chatterbot、bot、IM bot、交互式代理或人工对话实体）是一种计算机程序或人工智能，它通过听觉或文本方法进行对话。此类程序通常旨在令人信服地模拟作为对话伙伴的人类的行为方式，从而通过图灵测试。聊天机器人通常用于有各种实际目的的对话系统，包括客户服务或信息获取。一些聊天机器人使用复杂的自然语言处理系统，但许多更简单的系统会扫描输入中的关键字，然后从数据库中提取具有最匹配关键字或最相似措辞模式的回复。

认知学术语言能力 Cognitive academic language proficiency

认知学术语言能力（CALP）是指学术成就所需的与语言相关的能力，包括听、说、读、写。

计算机视觉 Computer vision

计算机视觉是计算机科学的一个领域，致力于使计算机能够以与人类视觉相同的方式查看、识别和处理图像，然后提供适当的输出（Techopedia，2018）。

数据挖掘 Data mining

数据挖掘是在大型数据集中发现模式的过程，涉及机器学习、统计和数据库系统交叉领域的方法。它是计算机科学的一个跨学科子领域。数据挖掘过程的总体目标是从数据集中提取信息并将其转换为可理解的结构以供进一步使用。

深度神经网络 Deep neural network

深度神经网络（DNN）是具有一定复杂程度的神经网络，具有两层以上的神经网络。深度神经网络使用复杂的数学建模以复杂的方式处理数据（Techopedia，2018）。

深度学习 Deep learning

深度学习是机器学习的一种。"深度"一词是指网络中单元或"神经元"的层数。

设计思维 Design thinking

设计思维是指设计师在设计过程中使用的创造性策略。它也被开发为一种解决专业设计实践之外的问题的方法,例如在商业和社会环境中。

数字人 Digital human

数字人是计算机生成的人的动态图像。

专家系统 Expert systems

在人工智能中,专家系统是模拟人类专家决策能力的计算机系统。专家系统旨在通过知识体系进行推理来解决复杂问题,主要表现为if-then 规则,而不是通过传统的程序代码。20 世纪 70 年代首创的专家系统是第一批真正成功的人工智能软件。

面部识别 Facial recognition

面部识别是指能够从数字图像或视频源中识别或验证人的技术。

人类感知 Human perception

人类感知是指通过人类的视觉、听觉、触觉、嗅觉和味觉对来自环境的感官信息进行组织、识别与解释。

智能代理 Intelligent agent

在人工智能中,智能代理(IA)是一个自主实体,它通过传感器观察并作用于其环境以实现目标。智能代理可能很简单也可能很复杂,例如,恒温器也被认为是智能代理。

语言翻译器 Language translator

语言翻译器是一种自动将语言从一种形式翻译成另一种形式的软件,即从一种语言翻译成另一种语言,从语音翻译成文本,或从文本翻译成语音。

机器学习 Machine learning

机器学习是计算机科学的一个领域,它使用统计技术赋予计算机系统"学习"(即逐步提高特定任务的性能)的能力,而无需明确编程。

机器感知 Machine perception

机器感知是计算机系统以类似于人类使用感官与周围世界联系的方式来解释数据的能力。计算机通过其连接的硬件获取数据,直到最近,这些硬件还仅限于键盘或鼠标。技术的进步使计算机能够以类似于人类的方式接收感官输入。

机器问题解决 Machine problem-solving

机器解决问题是指计算机解决问题的能力。虽然机器目前只能解决它们被编程解决的特定问题,但研究人员正在努力创造能够将其解决问题的能力应用于任何问题的人工智能。

狭义人工智能 Narrow AI

见弱 AI。

自然智力 Natural intelligence

自然智能是指人类和其他动物表现出的智能,与人工或机器智能相对。

自然语言处理 Natural language processing

自然语言处理(NLP)是 AI 的一个子领域,涉及对计算机进行编程以处理和分析大量自然(人类)语言数据。NLP 的组件包括语音识别、自然语言理解和自然语言生成。

神经网络 Neural network

见人工神经网络。

神经伦理学 Neuroethics

神经伦理学关注神经科学的伦理、法律和社会影响,包括神经技术可用于预测或改变人类行为的方式以及"我们对大脑功能的机械理解对社会的影响……将神经科学知识与伦理和社会思想相结合"。

感知 Perception

感知(来自拉丁语 perceptio)是对感官信息的组织、识别和解释,以表示和理解所呈现的信息或环境。

个人助理 Personal assistant

个人助理,也称虚拟助理,是一种可以为个人执行任务或服务的软件代理。例如，Siri、Google Now、Cortana 和 Alexa。

基于项目的学习 Project-based learning

基于项目的学习（PBL）是一种以学生为中心的教学法，它涉及一种动态的课堂方法，学生在这种方法中探索现实世界的挑战和问题。

PBL 是一种主动学习和基于探究的学习方式，与纸质、死记硬背或教师主导的教学相比，PBL 涉及花费较长时间调查和回应复杂的问题、挑战或困难，这与基于纸张的、死记硬背的或教师主导的教学形成对比，后者呈现了既定事实或描绘了通向知识的平坦道路。

反向图像搜索 Reverse image search

反向图像搜索是一种基于内容的图像检索（content-based image retrieval，CBIR）查询技术，它涉及向 CBIR 系统提供样本图像，它可以作为检索相似图像的基础。这有效地消除了用户猜测可能会或可能不会返回正确结果的关键字或术语的需要。反向图像搜索还允许用户发现与特定样本图像相关的内容，评估图像的流行度，并找到被操纵的版本和衍生作品。

机器人 Robot

虽然定义各不相同，但机器人一词通常是指能够在计算机的控制下自动执行一系列物理动作的机器。

来自 www.pbs.org/video/robots-crash-course-computer-science-37-ycj0gn。

自动驾驶汽车 Self-driving car

见自动驾驶汽车。

技术奇点 Singularity

技术奇点(简称奇点)是一种假设,即人工超级智能(artificial superintelligence,ASI)的发明将突然引发失控的技术增长,从而导致人类文明发生深不可测的变化。

强人工智能 Strong AI

见通用人工智能。

心智理论 Theory of mind

心智理论是指将心理状态归因于自己和他人的认知能力(Margolis,Samuels 和 Stitch,2012)。

图灵测试 Turing test

图灵测试由艾伦·图灵于1950年开发,是对机器表现出与人类相同或无法区分的智能行为的能力的测试。图灵建议人类评估者判断人类与机器之间的自然语言对话,该机器旨在产生类似人类的反应。评估者会意识到对话中的两个伙伴之一是一台机器,所有参与者都将彼此分开。对话将仅限于纯文本渠道,例如计算机键盘和屏幕,因此结果将不取决于机器将单词呈现为语音的能力。如果评估者不能可靠地将机器与人类区分开来,则称机器通过了测试。该测试不检查对问题给出正确答案的能力，只检查答案与人类给出的答案的相似程度。

视频游戏设计 Video game design

视频游戏设计是指在前期制作阶段设计视频游戏内容和规则，设计游戏玩法、环境、故事情节和角色的过程。它需要艺术和技术能力以及写作技巧。

虚拟引导者 Virtual facilitator

虚拟引导者是计算机生成的角色，旨在看起来和表现得像真人。

弱人工智能 Weak AI

弱人工智能，也被称为狭义人工智能，是专注于一项狭窄任务的人工智能。弱人工智能的定义与强人工智能（具有意识、感知和思维的机器）或通用人工智能（一种能够将智能应用于任何问题，而不仅仅是一个特定问题的机器）相反。当前所有被认为是任何类型的人工智能的现有系统最多都是弱人工智能。

参考文献

Adams, C. (2017, February 23). The 7 Most Important STEM Skills We Should Be Teaching Our Kids. *We Are Teachers*. Retrieved October 15, 2018, from https://www.weareteachers.com/important-stem-skills-teaching-kids

Adobe. (2018). Amplifying Human Creativity with Artificial Intelligence. *Insights*. Retrieved May 5, 2018, from https://www.adobe.com/insights/amplifying-human-creativity-with-artificial-intelligence.html

Adobe Stock Team. (2017, November 8). Machine Learning Comes to Life. *Adobe Blog*. Retrieved April 27, 2018, from https://theblog.adobe.com/machine-learning-comes-to-life

AI winter. (n.d.). In *Wikipedia*. Retrieved May 2, 2018, from https://en.wikipedia.org/wiki/AI_winter

Akella, P. (2018, May 15). Why Robots Won't Inherit the Plant. *Industry Week*. Retrieved May 27, 2018, from http://www.industryweek.com/technology-and-iiot/why-robots-won-t-inherit-plant

Albright, D. (2016, September 26). 10 Examples of Artificial Intelligence You Are Using in Daily Life. *Beebom*. Retrieved on May 6, 2018, from https://beebom.com/examples-of-artificial-intelligence

Alcorn, S. (2013, October 18). Facial Recognition in The Classroom Tells Teachers When Students Are Spacing. *Fast Company*. Retrieved October 15, 2018, from https://www.fastcompany.com/3018861/facial-recognition-in-the-classroom-tells-teachers-when-students-are-spacing

Alder Hey Children's Hospital. (2018). Welcome to Alder Hey — the UK's First Cognitive Hospital. Retrieved May 6, 2018, from http://www.alderhey.nhs.uk/welcome-to-alder-hey-the-uks-firstcognitive-hospital/what-is-cognitive-computing

Allen, P. G. (2011). Paul Allen: The Singularity Isn't Near. *MIT Technology Review*. Retrieved May 5, 2018, from https://www.technologyreview.com/s/425733/paul-allen-the-singularity-isnt-near

Anderson, J. (2018, February 28). If You Want Your Kid to Get a Good Job, Let Them Play More. Retrieved from https://qz.com/1217146/child-development-kids-that-play-more-often-are-better-prepared-for-employment

Angelani, A. (2018, May 9). What Pixar Can Teach Us About AI & Machine Learning. *MarTech Series*. Retrieved October 15, 2018, from https://martechseries.com/mts-insights/guest-authors/what-pixar-can-teach-us-about-ai-machine-learning

Anwar, B. (2018). Chinese Cops Are Using AI Facial-Recognition Glasses to Scan Travelers. Retrieved from https://www.scientificamerican.com/article/why-we-need-a-darpa-for-education

Artificial general intelligence. (n.d.). In *Wikipedia*. Retrieved May 2, 2018, from https://en.wikipedia.org/wiki/Artificial_general_intelligence

Artificial intelligence. (n.d.). In *Wikipedia*. Retrieved May 2, 2018, from https://en.wikipedia.org/wiki/Artificial_intelligence

Artificial Intelligence in Sports. (2017, September 16). *SportTechie*. Retrieved October 15, 2018, from https://www.sporttechie.com/artificial-intelligence-sports

Artificial neural network. (n.d.). In *Wikipedia*. Retrieved May 2, 2018, from https://en.wikipedia.org/wiki/Artificial_neural_network

Avatar (computing). (n.d.). In *Wikipedia*. Retrieved May 2, 2018, from https://en.wikipedia.org/wiki/Avatar_(computing)

Baddeley, A. (1998). *Human Memory: Theory and Practice*. Needham

Heights, MA: Allyn & Bacon.

Banks, I. (2000). *Hair Matters: Beauty, Power, and Black Women's Consciousness*. New York, NY: NYU Press.

Battelle, J. (2016, February 3). The Waze Effect: Flocking, AI, and Private Regulatory Capture. *John Battelle's SearchBlog*. Retrieved May 6, 2018, from http://battellemedia.com/archives/2016/02/the-waze-effect-flocking-ai-and-private-regulatory-capture.php

Beck, A. C., Carothers, J. M., Subramanian, V. R., & Pfaendtner, J. (2016, February 28). Data Science: Accelerating Innovation and Discovery in Chemical Engineering. *Wiley Online Library*. Retrieved October 15, 2018, from http://depts.washington.edu/maple/pubs/59_Beck_et_al-2016-AIChE_Journal.pdf. DOI 10.1002/aic.15192

Best, Jo. IBM Watson: The Inside Story of How the Jeopardy-Winning Supercomputer Was Born, and What It Wants to Do Next. Retrieved from https://www.techrepublic.com/article/ibm-watson-the-inside-story-of-how-the-jeopardy-winning-supercomputer-was-born-and-what-it-wants-to-do-next

Bigozzi, L., Biggeri, A, Boschi, F., Conti, P., & Fiorentini, C. (2002). Children Scientists Know the Reasons Why and They Are Poets Too: Non-randomized Controlled Trial to Evaluate the Effectiveness of a Strategy Aimed at Improving the Learning of Scientific Concepts. *European Journal of Psychology of Education*, 17(4), 343–362.

Bradley, L. (2017, September 16). Puma Product to Be Powered by AI Motion Science Coaching Platform. *SportTechie*. Retrieved October 15, 2018, from https://www.sporttechie.com/puma-product-powered-ai-motion-science-coaching-platform

Brain-computer interface. (n.d.). In *Wikipedia*. Retrieved October 15,

2018, from https://en.wikipedia.org/wiki/Brain％E2％80％93computer_interface

Bransford, J. D., & Schwartz, D. L. (1999). Rethinking Transfer: A Simple Proposal with Multiple Implications. *Rev Res Educ*, 61–100.

Brooks, R. (1991, April). Intelligence Without Reason. *Computers and Thought*, IJCAI–91. Retrieved May 5, 2018, from http://people.csail.mit.edu/brooks/papers/AIM-1293.pdf

Brooks, R. (2018, April 27). [FoR&AI] The Origins of "Artificial Intelligence." *Rodney Brooks Blog*. Retrieved May 5, 2018, from rodneybrooks.com/forai-the-origins-of-artificial-intelligence

Campbell, R. (2016, August 12). ECISD's Chief Innovation Officer to Spur Enthusiasm. *OAonline*, Retrieved May 5, 2018, from http://m.oaoa.com/news/education/ecisd/article_c5a864d8-601b-11e6-a699-7364ef5a606d.html?mode=jqm

Campbell, R. (2017, March 4). Teachers to Study Brain Mapping. *Ector County ISD*. Retrieved May 5, 2018, from https://www.ectorcountyisd.org/cms/lib/TX01000975/centricity/Domain/7671/Teachers％20to％20study％20brain％20mapping_Odessa％20American_％20ECISD.pdf

CAPTCHA. (n.d.). In *Wikipedia*. Retrieved May 2, 2018, from https://en.wikipedia.org/wiki/CAPTCHA

Chan, D. (2017, October 20). The AI That Has Nothing to Learn From Humans. *The Atlantic*. Retrieved October 15, 2018, from https://www.theatlantic.com/technology/archive/2017/10/alphago-zero-the-ai-that-taught-itself-go/543450

Chan, T. F. (2018, May 20). A School in China Is Monitoring Students with Facial-recognition Technology That Scans the Classroom Every 30 Seconds. *Business Insider*. Retrieved October 15, 2018, from https://www.businessinsider.com/china-school-facial-recognition-technology-2018-5

Chansanchai, A. (2017). Type with Your Voice Using Dictate, a New Microsoft Garage Project. *Microsoft Blog*. Retrieved from https://blogs.microsoft.com/firehose/2017/06/20/type-with-your-voice-using-dictate-a-new-microsoft-garage-project

Chappell, K. (2018, February 5). Diversity in STEM Symposium Draws Attention to Efforts for Diversification. *Technician*. Retrieved October 15, 2018, from http://www.technicianonline.com/news/article_19cb66f0-0ade-11e8-b768-c7c9e2e94545.html

Chatbot. (n.d.). In *Wikipedia*. Retrieved May 2, 2018, from https://en.wikipedia.org/wiki/Chatbot

Chinese room. (n.d.). In *Wikipedia*. Retrieved May 2, 2018, from https://en.wikipedia.org/wiki/Chinese_room

Choi, A. S. (2015, March 17). How Stories Are Told Around the World. *We Humans*. Retrieved May 5, 2018, from https://ideas.ted.com/how-stories-are-told-around-the-world

Cole, M. (1989). *Cultural Psychology: A Once and Future Discipline?* Bergman, J. J. (Ed.). Nebraska Symposium on Motivation, 37, 279.

Cognitive computing. (n.d.). In *Wikipedia*. Retrieved May 2, 2018, from https://en.wikipedia.org/wiki/Cognitive_computing

Cotton, D., & Gresty, K. (2006). Reflecting on the Think-aloud Method for Evaluating E-learning. *British Journal of Educational Technology*, 37(1), 45–54.

Counts, G. S. (1978). *Dare the School Build a New Social Order?* Carbondale, IL: SIU Press.

Crozier, J. (2017, September 14). By Teachers for Teachers: Teacher Advisor with Watson. *Citizen IBM Blog*. Retrieved May 6, 2018, from https://www.ibm.com/blogs/citizen-ibm/2017/09/crozier_teacher_advisor

Cuban, L. (2003). *Why Is It So Hard to Get Good Schools?* New York, NY: Teachers College Press.

Data mining. (n.d.). In *Wikipedia*. Retrieved May 2, 2018, from https://en.wikipedia.org/wiki/Data_mining

Deep learning. (n.d.). In *Wikipedia*. Retrieved October 15, 2018, from https://en.wikipedia.org/wiki/Deep_learning

Delderfield, R. F. (1972). *To Serve Them All My Days*. London, UK: Hodder & Stoughton.

Dellinger, A. J. (2018, April 27). Google Assistant Is Smarter Than Alexa and Siri, but Honestly They All Suck. *Gizmodo*. Retrieved October 15, 2018, from https://gizmodo.com/google-assistant-is-smarter-than-alexa-and-siri-but-ho-1825616612

Design thinking. (n.d.). In *Wikipedia*. Retrieved May 2, 2018, from https://en.wikipedia.org/wiki/Design_thinking

Digital Health Admin. (2018, March 29). Using IBM Watson Cognitive Technology to Enhance the Patient Experience. *Digital Health*. Retrieved May 6, 2018, from https://www.digitalhealth.net/2018/03/using-ibm-watson-cognitive-technology-to-enhance-the-patient-experience

Eger, J. M. (2017, December 6, updated). Arts Based Learning of STEM Works Says NSF Funded Research Firm. *Huffington Post*. Retrieved May 5, 2018, from https://www.huffingtonpost.com/john-m-eger/arts-based-learning-of-st_b_8724148.html

Ellery, L. (2014, July 8). Hair and History: Why Hair Is Important to Women. *Huffington Post*. Retrieved May 29, 2018, from https://www.huffingtonpost.com/lucinda-ellery/hair-history-why-hair-is-_b_5567365.html

Emerging Technology from the arXiv. (2018, May 7). AI Generates New Doom Levels for Humans to Play. *Technology Review*. Retrieved October 15, 2018, from https://www.technologyreview.com/s/611072/ai-generates-new-doom-levels-for-humans-to-play

Enright, K. A. (2011). Language and Literacy for a New Mainstream. *American Educational Research Journal*, 48(1), 80 – 118.

EU General Data Protection Regulation. (2018). Retrieved from https://www.eugdpr.org

Expert systems. (n.d.). In *Wikipedia*. Retrieved May 2, 2018, from https://en.wikipedia.org/wiki/Expert_system

Faggella, D. (2015, September 8). Finding Artificial Intelligence Through Storytelling — An Interview with Dr. Roger Schank. Lifeboat Foundation Safeguarding Humanity. Retrieved May 5, 2018, from https://lifeboat.com/blog/2015/09/finding-artificial-intelligence-through-storytelling-an-interviewwith-dr-roger-schank

Fair, C., Vandermaas-Peeler, M., Beaudry, R., & Dew, J. (2005). I Learned How Little Kids Think: Third-graders' Scaffolding of Craft Activities with Preschoolers. *Early Child Development and Care*, 175:3, 229 – 241. DOI: 10.1080/0300443042000230438

Feinberg, T., & Robey, N. (2009, March). Cyberbullying. *Education Digest: Essential Readings Condensed for Quick Review*, 74(7), 26 – 31.

Finley, K. (2015, October 20). This News-writing Bot Is Now Free for Everyone. *Wired*. Retrieved May 6, 2018, from https://www.wired.com/2015/10/this-news-writing-bot-is-now-free-for-everyone

Freedman, D. H. (1994, August 1). The Schank Tank. *Wired*. Retrieved May 3, 2018, from https://www.wired.com/1994/08/schank

Garland, A. (Director). (2015, April 10). *Ex Machina* [Motion picture]. United States: Universal Pictures International.

Gibbs, M. (2010). Digital Citizenship and the Real World. *Network World*, *27*(19), 34. Retrieved from EBSCOhost.

Goel, A. & Davies, J. (2019). Artificial Intelligence. R. Sternberg (Eds.). *Cambridge Handbook of Intelligence*. New York, NY: Cambridge University Press.

Gonzalvo, K., Dinh, T., Nguyen, S., Fernandez, J., & Zimmerman, M. (2016). Youth Re-envisioning the Future of Education. Hammond, T., Valentine, S., Adler, A. (Eds.). *Revolutionizing Education with Digital Ink: The Impact of Pen and Touch Technology on Education*. New York, NY: Springer International Publishing. DOI 10. 1007/978-3-319-31193-7_26

Grabianowski, E. (2007). How Brain-computer Interfaces Work. *How Stuff Works*. Retrieved May 2, 2018, from https://computer. howstuffworks. com/brain-computer-interface. htm

Graham, J. (2017, June 4). Apple's Siri Gets Another Shot at Getting It Right. *USA Today*. Retrieved October 15, 2018, from https:// www. usatoday. com/story/tech/talkingtech/2017/06/04/siri-gets-another-shot-getting-right/102430534

Green, H. (2016, August 8). Artificial Intelligence & Personhood: Crash Course Philosophy #23. *Crash Course*. Retrieved May 5, 2018, from https://www. youtube. com/watch? v=39EdqUbj92U& list= PL8dPuuaLjXtNgK6MZucdYldNkMybYIHKR& index=22

Grey, C. P. (2014, August 13). Humans Need Not Apply. Retrieved May 7, 2018, from https://www. youtube. com/watch? v = 7Pq-S557XQU

Groenewegen, H. (2007). The Ventral Striatum as an Interface Between the Limbic and Motor Systems. *CNS Spectrums*, *12*(12), 887–892.

Grothaus, M. (2018, March 28). China Is Using AI and Facial Recognition to Fine Jaywalkers Via Text. *Fast Company*. Retrieved October 15, 2018, from https://www.fastcompany.com/90249188/design-will-kill-marketing-says-ikeas-former-design-chief

Grudin, J. (2017, April 17). Reinventing the Right Curriculum Is Impossible — but Necessary! *THE Journal*. Retrieved May 5, 2018, from https://thejournal.com/articles/2017/04/17/reinventing-the-right-curriculum-is-impossible.aspx?admgarea=News1&m=2

Grudin, J. (2018). About Jonathan: Who I Am. Retrieved May 5, 2018, from www.jonathangrudin.com/about-jonathan

Gunn, J. (2017, November 8). Why the "A" in STEAM Education Is Just as Important as Every Other Letter. Concordia University-Portland. Retrieved October 15, 2018, from https://education.cu-portland.edu/blog/leaders-link/importance-of-arts-in-steam-education

Guo, Y. (2017, December 21). 7 Steps of Machine Learning. Retrieved October 15, 2018, from https://www.youtube.com/watch?v=dTRsI8KNTW0

Haigh, G. (2007, June 19). Teachers Pick Up On Data Mining. *The Guardian*. Retrieved October 15, 2018, from https://www.theguardian.com/education/2007/jun/19/elearning.technology26

Hall, D., & Williams, C. (Directors), & Walt Disney Animation Studios, Roberts, J., Baird, R. L., & Gerson, D. (Writers). (2014, November 10). *Big Hero 6* [Motion picture]. United States: FortyFour Studios and Walt Disney Animation Studios.

Harris, R. (2017, June 6). IBM Watson and Sesame Workshop Launches AI Vocabulary Learning App. Retrieved May 6, 2018, from https://appdevelopermagazine.com/5263/2017/6/6/ibm-watson-and-sesame-workshop-launches-ai-vocabulary-learning-app-

Hertz, M. B. (2016, February 1). Full STEAM Ahead: Why Arts Are

Essential in a STEM Education. *Edutopia*. Retrieved October 15, 2018, from https://www.edutopia.org/blog/arts-are-essential-in-stem-mary-beth-hertz

Ho, J. (2018, March 21). AI Classroom Activity: Facial Recognition. *Teacher*. Retrieved October 15, 2018, from https://www.teacher-magazine.com.au/articles/ai-classroom-activity-facial-recognition

Holzapfel, B. (2018, January 20). Class of 2030: What Do Today's Kindergartners Need to Be Life-ready? *Microsoft Education Blog*. Retrieved March 20, 2018, from https://educationblog.microsoft.com/2018/01/class-of-2030-predicting-student-skills/#UGKql9b1weqLzho3.99

Hooker, C. I., Verosky, S. C., Germine, L. T., Knight, R. T., & D'Esposito, M. (2010, January 13). Neural Activity During Social Signal Perception Correlates with Self-reported Empathy. *Brain Research*, *1308*, 100–113.

Horst, J. S., Parsons, K. L., & Bryan, N. M. (2011, February). Get the Story Straight: Contextual Repetition Promotes Word Learning from Storybooks. *Frontiers in Psychology*. Retrieved October 15, 2018, from https://www.frontiersin.org/articles/10.3389/fpsyg.2011.00017/full

Huizinga, G. (2018, January 24). Life at the Intersection of AI and Society with Dr. Ece Kamar. *Microsoft Research Podcast*. Retrieved from https://www.microsoft.com/en-us/research/blog/life-at-intersection-of-ai-society-ece-kamar

IBM Technology in Action (Ed.). (2016, May 10). Can an App Help Calm an Anxious Patient? Retrieved May 4, 2018, from https://www.ibm.com/cognitive/uk-en/outthink/alderhey-with-watson.html

Intelligent agent. (n.d.). In *Wikipedia*. Retrieved October 15, 2018, from https://en.wikipedia.org/wiki/Intelligent_agent

ISTE. (2018). ISTE Standards for Students. Retrieved April 24, 2018, from https://www.iste.org/standards/for-students

Jamal, M. (2018, May 21). This School Scans Classrooms Every 30 Seconds Through Facial Recognition Technology. *TechJuice*. Retrieved October 15, 2018, from https://www.techjuice.pk/this-school-scans-classrooms-every-30-seconds-through-facial-recognition-technology

Jones, A. (2017, August 23). Blackademics: Dr. Jamila Simpson. *Nubian Message*. Retrieved October 15, 2018, from https://www.thenubianmessage.com/2017/08/23/blackademics-dr-jamila-simpson

Karpouzis, K. (November 29, 2016). Can Machines Read Your Emotions? *TED-Ed*. Retrieved May 1, 2018, from https://ed.ted.com/lessons/can-machines-read-your-emotions-kostas-karpouzis

Kasanoff, B. (2014, August 18). If 'Humans Need Not Apply,' Will All Our Jobs Disappear? Retrieved from https://www.forbes.com/sites/brucekasanoff/2014/08/18/if-humans-need-not-apply-will-all-our-jobs-disappear/#72aae72747ba

Kopell, B. H. & Greenberg, B. D. (2008). Anatomy and Physiology of the Basal Ganglia: Implications for DBS in Psychiatry. *Neuroscience and Biobehavioral Reviews*, 32(3), 408-422.

Krueger, N. (2018, May 17). Preparing Students for an AI-driven World. *ISTE Blog*. Retrieved October 15, 2018, from https://www.iste.org/explore/articleDetail?articleid=2197

Kurshan, B. (2016, March 10). The Future of Artificial Intelligence in Education. *Forbes*. Retrieved May 5, 2018, from https://www.forbes.com/sites/barbarakurshan/2016/03/10/the-future-of-artificial-intelligence-in-education

Kurzweil, R. (2001, March 7). The Law of Accelerating Returns. *Kurzweil AI*. Retrieved May 5, 2018, from www.kurzweilai.net/

the-law-of-accelerating-returns

Lachman, R. (2018, January 17). STEAM not STEM: Why Scientists Need Arts Training. *The Conversation*. Retrieved April 30, 2018, from https://theconversation.com/steam-not-stem-why-scientists-need-arts-training-89788

Lacina, J. (2004). Technology in the Classroom: Promoting Language Acquisitions: Technology and English Language Learners. *Child Edu*, 81(2), 113–115.

Lang, F. (Director), & Von Harbou, T. (Screenwriter). (1927). *Metropolis* [Motion picture]. Germany: Universum Film.

Lardinois, F. (2017, December 12). Adobe Lightroom's Auto Setting Is Now Powered by AI. *TechCrunch*. Retrieved May 5, 2018, from https://techcrunch.com/2017/12/12/adobe-lightrooms-auto-settingis-now-powered-by-ai

Leopold, T. (2016, December 13). A Secret Ops AI Aims to Save Education. *Wired*. Retrieved October 15, 2018, from https://www.wired.com/2016/12/a-secret-ops-ai-aims-to-save-education

Lin, P. (2015, December 8). The Ethical Dilemma of Self-driving Cars. *TED-Ed*. Retrieved September 30, 2017, from https://ed.ted.com/lessons/the-ethical-dilemma-of-self-driving-cars-patrick-lin

Lombrozo, T. (2013, December 2). The Truth About the Left Brain/Right Brain Relationship. *NPR*. Retrieved May 27, 2018, from https://www.npr.org/sections/13.7/2013/12/02/248089436/the-truth-about-the-left-brain-right-brain-relationship

Machine learning. (n.d.). In *Wikipedia*. Retrieved May 2, 2018, from https://en.wikipedia.org/wiki/Machine_learning

Machine perception. (n.d.). In *Wikipedia*. Retrieved May 2, 2018, from https://en.wikipedia.org/wiki/Machine_perception

Mahon, C. (April 16, 2018). New AI Technology May Be Able to Read

Your Inner Feelings. *Sign of the Times*. Retrieved May 2, 2018, from https://www. sott. net/article/383070-New-AI-technology-maybe-able-to-read-your-inner-feelings

Margolis, E; Samuels, R; Stich, S. 2012. *The Oxford Handbook of Cognitive Science*. New York, NY: Oxford University Press.

Matake, K. (2016, May 16). Shogi and Artificial Intelligence. Japan Policy Forum. Retrieved October 15, 2018, from https://www. japanpolicyforum. jp/archives/culture/pt20160516000523. html

McCarthy, J. , Minsky, M. L. , Rochester, N. , & Shannon, C. E. (1955, August). A Proposal for the Summer Dartmouth Summer Research Project on Artificial Intelligence. MIT. Retrieved May 5, 2018, from http://people. csail. mit. edu/brooks/idocs/DartmouthProposal. pdf

McFarland, M. (2015, February 25). Google's Artificial Intelligence Breakthrough May Have a Huge Impact on Self-driving Cars and Much More. *The Washington Post*. Retrieved May 6, 2018, from https://www. washingtonpost. com/news/innovations/wp/2015/02/25/googles-artificial-intelligence-breakthrough-may-have-a-huge-impact-on-self-driving-cars-and-much-more/? utm_term=. 7fbd87256d09

Medina, J. (2008). *Brain Rules*. Seattle, WA: Pear Press.

Metz, C. (2018, May 4). Facebook Adds A. I. Labs in Seattle and Pittsburgh, Pressuring Local Universities. *New York Times*. Retrieved May 5, 2018, from https://nyti. ms/2KBnTdS

Morson, G. S. (2002, June). The Art & Life of Dostoevsky. *The New Criterion*. Retrieved October 15, 2018, from https://www. newcriterion. com/issues/2002/6/the-art-life-of-dostoevsky

Nasir, N. S. , Rosebery, A. , Warren, B. , & Lee, C. D. (2006). Learning as a Cultural Process. In K. R. Sawyer (Ed.). *The*

Cambridge Handbook of the Learning Sciences, 489–504.

Natural language processing. (n. d.). In *Wikipedia*. Retrieved October 15, 2018, from https://en.wikipedia.org/wiki/Natural_language_processing

Neuroethics. (n. d.). In *Wikipedia*. Retrieved May 2, 2018, from https://en.wikipedia.org/wiki/Neuroethics

Nolen, J., & HBO (Producers), & Joy, L. (Writer). (2016, October 2). *Westworld* [Television series]. Los Angeles, California: HBO.

Ogden, R. (2017, August 3). AI and Storytelling: An Unlikely Friendship. *UploadVR*. Retrieved October 15, 2018, from https://uploadvr.com/ai-and-storytelling-an-unlikely-friendship

Okazaki, J. (2018, March 12). SharkFinder Allows Kids to Be Scientists and Explore Fossils in the Classroom. *News West 9*. Retrieved May 5, 2018, from www.newswest9.com/story/37702185/sharkfinder-allows-kids-to-become-real-scientists-and-explore-fossils-in-the-classroom

Oreck, J., & Teel, R. (2013, October 31). Mysteries of Vernacular: Robot. *TED-Ed*. Retrieved May 6, 2018, from https://ed.ted.com/lessons/mysteries-of-vernacular-robot-jessica-oreck-and-rachael-teel

Osborne, J. (2013, June 25). Citizen Science — Bringing the Excitement of Scientific Discovery to All. *Obama Whitehouse Archives*. Retrieved May 5, 2018, from https://obamawhitehouse.archives.gov/blog/2013/06/25/citizen-science-bringing-excitement-scientific-discovery-all

Pachal, P. (2018, May 10). Google Assistant's New Ability to Call People Creates Some Serious Ethical Issues. *Yahoo! Finance*. Retrieved October 15, 2018, from https://finance.yahoo.com/news/google-assistant-apos-ability-call-222928652.html

Paterson, C. (2017, October 22). Artificial Intelligence in Education: Where It's at, Where It's Headed. *Getting Smart*. Retrieved May 5, 2018, from http://www.gettingsmart.com/2017/10/artificial-intelligence-in-education

PBS Kids. (n.d.). Leading Hands on Engineering Activities with NASA and DESIGN SQUAD. Retrieved May 5, 2018, from http://pbskids.org/designsquad/parentseducators/workshop/welcome.html

PBS Kids. (n.d.). The Design Process in Action. Retrieved May 5, 2018, from http://pbskids.org/designsquad/pdf/parentseducators/workshop/designprocess_in_action.pdf

PBS LearningMedia. (n.d.). Crash Course Computer Science. *Crash Course*. Retrieved May 5, 2018, from https://kcts9.pbslearningmedia.org/collection/crash-course-computer-science/#.Wu48u0xFzZs

PBS LearningMedia. (2018). Alan Turing: Crash Course Computer Science #15. *Crash Course*. Retrieved May 5, 2018, from https://kcts9.pbslearningmedia.org/credits/alan-turing-crash-course-cs

PBS LearningMedia. (2018). Educational Technology: Crash Course Computer Science #39. *Crash Course*. Retrieved May 5, 2018, from https://kcts9.pbslearningmedia.org/resource/educational-technology-crash-course-cs/educational-technology-crash-course-cs

PBS LearningMedia. (2018). Machine Learning & Artificial Intelligence: Crash Course Computer Science #34. *Crash Course*. Retrieved May 5, 2018, from https://kcts9.pbslearningmedia.org/resource/machine-learning-crash-course-cs/machine-learning-crash-course-cs

PBS LearningMedia. (2018). Natural Language Processing: Crash Course Computer Science #36. *Crash Course*. Retrieved May 5, 2018, from https://kcts9.pbslearningmedia.org/resource/natural-language-processing-crash-course-cs/natural-language-processing-crash-course-cs

PBS LearningMedia. (2018). Psychology of Computing: Crash Course Computer Science #38. *Crash Course*. Retrieved May 5, 2018, from https://kcts9.pbslearningmedia.org/resource/psychology-computing-crash-course-cs/psychology-computing-crash-course-cs

PBS LearningMedia. (2018). Robots: Crash Course Computer Science #37. *Crash Course*. Retrieved May 5, 2018, from https://kcts9.pbslearningmedia.org/resource/robots-crash-course-cs/robots-crash-course-cs

PBS LearningMedia. (2018). The Singularity, Skynet, and the Future of Computing: Crash Course Computer Science #40. *Crash Course*. Retrieved May 5, 2018, from https://kcts9.pbslearningmedia.org/resource/singularity-skynet-future-crash-course-cs/singularity-skynet-future-crash-course-cs

Pellin, C. B. (1988). Plutarch on Sparta. *Plutarch: Life of Antony*. Cambridge, UK: Cambridge University Press, 28–35.

Perception. (n.d.). In *Wikipedia*. Retrieved May 2, 2018, from https://en.wikipedia.org/wiki/Perception

Personal assistant. (n.d.). In *Wikipedia*. Retrieved October 15, 2018, from https://en.wikipedia.org/wiki/Virtual_assistant

PICK Education. (n.d.). SharkFinder Citizen Science Program. Retrieved May 5, 2018, from https://www.pickedu.com/sharkfinderatco

Pofeldt, E. (2016, January 28). Will Robots Make Your Work Obsolete? New Report Looks At Automation Risks By City. *Forbes*. Retrieved May 7, 2018, from https://www.forbes.com/sites/elainepofeldt/2016/01/27/will-robots-take-your-job-new-report-looks-at-automation-risks-by-city/#5a61b10a5e07

Project-based learning. (n.d.). In *Wikipedia*. Retrieved May 2, 2018, from https://en.wikipedia.org/wiki/Project-based_learning

Rainie, L., & Anderson, J. (2017, May 3). The Future of Jobs and Jobs Training. *Pew Research Center Internet & Technology*. Retrieved May 5, 2018, from http://www.pewinternet.org/2017/05/03/the-future-of-jobs-and-jobs-training

Ranasinghe, A., & Leisher, D. (2009). The Benefit of Integrating Technology into the Classroom. International Mathematical Forum. Retrieved October 15, 2018, from m-hikari.com/imf-password2009/37-40-2009/ranasingheIMF37-40-2009.pdf

RankBrain. (n.d.). In *Wikipedia*. Retrieved May 2, 2018, from https://en.wikipedia.org/wiki/RankBrain

Ransbotham. S., Kiron, D. Gerbert, P., & Reeves, M. (2017, September 6). Reshaping Business With Artificial Intelligence: Closing the Gap Between Ambition and Action. MIT. Retrieved October 15, 2018, from https://sloanreview.mit.edu/projects/reshaping-business-with-artificial-intelligence

Renton Prep Original Creations. (2016, February 15). AU WALL-E (STEAM: Recycled Art). Retrieved October 15, 2018, from https://www.youtube.com/watch?v=klmiGYhLwoQ

Reverse image search. (n.d.). In *Wikipedia*. Retrieved May 2, 2018, from https://en.wikipedia.org/wiki/Reverse_image_search

Robinson, K. (2010). RSA Animate: Challenging education paradigms. Retrieved May 6, 2018, from https://youtu.be/zDZFcDGpL4U

Robitzski, D. (2018, May 8). Artificial Intelligence Is Making Video Game Levels So Good That Even Other AI Thinks They're Man-made. *Futurism*. Retrieved October 15, 2018, from https://futurism.com/artificial-intelligence-video-games

Rodriguez, B. (2017, June 13) The Power of Creative Constraints. *TED-Ed*. Retrieved May 5, 2018, from https://ed.ted.com/lessons/the-power-of-creative-constraints-brandon-rodriguez

Rogoff, B. (1991). Social Interaction as Apprenticeship in Thinking: Guided Participation in Spatial Planning. Resnick, L. B., Levine, J. M., & Teasley, S. D. (Eds.). *Perspectives on Socially Shared Cognition*, 349 – 364. DOI: 10.1037/10096-015

Ryan, R. M., & Deci, E. L. (2000). Self-determination Theory and the Facilitation of Intrinsic Motivation, Social Development, and Well-being. *American Psychologist*, 55(1), 68 – 78.

Schank, R. (2018). The Fraudulent Claims Made by IBM about Watson and AI. Retrieved April 30, 2018, from http://www.rogerschank.com/fraudulent-claims-made-by-IBM-about-Watson-and-AI

Self-driving car. (n. d.). In *Wikipedia*. Retrieved October 15, 2018, from https://en.wikipedia.org/wiki/Self-driving_car

Shih, J. J., Krusienski, D. J., & Wolpawc, J. R. (2012, March). Brain-computer Interfaces in Medicine. *Mayo Clinic Proceedings*, 87(3), 268 – 279. Retrieved May 4, 2018, from https://www.ncbi.nlm.nih.gov/pmc/articles/PMC3497935

Shilling, R. (2015, April 1). Why We Need a DARPA for Education. *Scientific American*. Retrieved October 15, 2018, from https://www.scientificamerican.com/article/why-we-need-a-darpa-for-education

Soder, R. (2004). The Double Bind of Civic Education Assessment and Accountability. Sirotnik, K. A. (Ed.). *Holding Accountability Accountable: What Ought to Matter in Public Education*. New York, NY: Teachers College Press, (100 – 115).

Spencer, J., & Juliani, A. J. (2018). Global Day of Design. Retrieved March 20, 2018, from http://globaldayofdesign.com

Star Trek: The Next Generation [Television Series]. (1987, September 26). Los Angeles, California.

Steele, C. M. (1997). How Stereotypes Shape Intellectual Identity and Performance. *American Psychologist*, 52(6), 613 – 629.

Storycenter. (2018). Education. Retrieved May 5, 2018, from https://www.storycenter.org/education Teacher Advisor with IBM Watson. (2018). Teacher Advisor. Retrieved May 6, 2018, from http://teacheradvisor.org/landing

Technological singularity. (n. d.). In *Wikipedia*. Retrieved October 15, 2018, from https://en.wikipedia.org/wiki/Technological_singularity

Technopedia. (n. d). Deep neural network. Retrieved from https://www.techopedia.com/definition/32902/deep-neural-network

The Japan Times. (2018, May 8). Japanese Researchers Work to Create AI Capable of Generating Haiku from Images. Retrieved from https://www.japantimes.co.jp/news/2018/05/08/national/japanese-researchers-work-create-ai-capable-generating-haiku-images/#.W8TXuhNKjdR

Three Laws of Robotics (n. d.). In *Wikipedia*. Retrieved October 15, 2018, from https://en.wikipedia.org/wiki/Three_Laws_of_Robotics

Tillman, L. C. (2006). Researching and Writing from an African-American Perspective: Reflective Notes on Three Research Studies. *International Journal of Qualitative Studies in Education*, 19(3), 265–287.

Tokuhama-Espinosa, T. (2011). *Mind, Brain, and Education Science: A Comprehensive Guide to the New Brain-based Teaching*. New York, NY: W. W. Norton.

Trolley problem. (n. d.). In *Wikipedia*. Retrieved October 15, 2018, from https://en.wikipedia.org/wiki/Trolley_problem

Turgeon, H. (2012). The Scientific Reason Why Kids Want to Hear the Same Stories. Retrieved from https://www.babble.com/toddler/how-to-read-out-loud-toddlers

Tsukiura, T., & Cabeza, R. (2008, March 30). Orbitofrontal and Hippocampal Contributions to Memory for Face-name Associations: The Rewarding Power of a Smile. *Neuropsychologic*, 46(9), 2310–2319.

Tung, L. (2018). Microsoft Translator: Now AI Works Offline for Android, iOS, with Windows Due Soon. *ZDNet*. Retrieved from https://www.zdnet.com/article/microsoft-translator-now-ai-works-offline-for-android-ios-with-windows-due-soon

Turbot, S. (2017, September 19). Artificial Intelligence in Education: Don't Ignore It, Harness It. *Getting Smart*. Retrieved May 5, 2018, from http://www.gettingsmart.com/2017/09/artificial-intelligence-in-education-dont-ignore-it-harness-it

Turing, A. M. (1950). Intelligent Machinery. MIT. Retrieved May 5, 2018, from http://people.csail.mit.edu/brooks/idocs/IntelligentMachinery.pdf

Turing test. (n.d.). In *Wikipedia*. Retrieved May 2, 2018, from https://en.wikipedia.org/wiki/Turing_test

U. S. Department of Education. Retrieved from https://www.ed.gov/Stem

Valentine, S., Conrad, H., Oduola, C., & Hammond, T. (2016). WIPTTE 2015 High School Contest. Hammond, T. Valentine, S., Adler, A. (Eds.). *Revolutionizing Education with Digital Ink: The Impact of Pen and Touch Technology on Education*. New York, NY: Springer International Publishing. DOI 10.1007/978-3-319-31193-7_25

Vander Ark, T. (2017, August 8). Staying Ahead of the Robots: What Grads Should Know and Be Able to Do. *Getting Smart*. Retrieved May 5, 2018, from www.gettingsmart.com/2017/08/staying-ahead-of-the-robots-what-grads-should-know-and-be-able-to-do

Video game design. (n. d.). In *Wikipedia*. Retrieved October 15, 2018, from https://en.wikipedia.org/wiki/Video_game_design

Vincent, J. (2018, May 7). An AI Speed Test Shows Clever Coders Can Still Beat Tech Giants Like Google and Intel. *The Verge*. Retrieved October 15, 2018, from https://www.theverge.com/2018/5/7/17316010/fast-ai-speed-test-stanford-dawnbench-google-intel

Vygotsky, L. S. (1987). Thinking and Speech (N. Minick, Trans.). Rieber, R. W. & Carton, A. S. (Eds.). *The Collected Works of L. S. Vygotsky: Volume 1: Problems of General Psychology, Including the Volume Thinking and Speech* (Cognition and Language: A Series in Psycholinguistics). New York, NY: Springer-Verlag.

Wakefield, J. (2016, March 24). Microsoft Chatbot Is Taught to Swear on Twitter. *BBC News*. Retrieved October 15, 2018, from https://www.bbc.com/news/technology-35890188

Wapnick, E. (2015). Why Some of Us Don't Have One True Calling. *TED*. Retrieved May 5, 2018, from https://www.ted.com/talks/emilie_wapnick_why_some_of_us_don_t_have_one_true_calling

Weak AI. (n. d.). In *Wikipedia*. Retrieved May 2, 2018, from https://en.wikipedia.org/wiki/Weak_AI

Weisburgh, M. (2017, December 2). Slush 2017 Helsinki. *Academic Business Advisors*. Retrieved May 3, 2018, from http://blog.academicbiz.com/2017/12/slush-2017-helsinki.html

Williams, C., & Hall, D. (2014). *Big Hero 6*. [Movie Website]. Retrieved May 6, 2018, from http://movies.disney.com/big-hero-6

Wolchover, N. (2011, January 24). How Accurate Is Wikipedia? *Live Science*. Retrieved May 6, 2018, from https://www.livescience.com/32950-how-accurate-is-wikipedia.html

Wujec, T. (2015, February 5). Tom Wujec: Got a Wicked Problem?

First, Tell Me How You Make Toast. *TED*. Retrieved May 6, 2018, from http://www.drawtoast.com

York, J. (2010, March 5). Hollywood Eyes Uncanny Valley in Animation. *NPR: All Things Considered*. Retrieved May 6, 2018, from https://www.npr.org/templates/story/story.php?storyId=124371580

Zimmerman, M. (2016). An Aqua Squiggle and Giggles: Pre-teens as Researchers Influencing Little Lives Through Inking and Touch Devices. Hammond, T. Valentine, S. Adler, A. (Eds.). *Revolutionizing Education with Digital Ink: The Impact of Pen and Touch Technology on Education*. New York, NY: Springer International Publishing. DOI 10.1007/978-3-319-31193-7_17

2016年国际教育技术协会学生标准

2016年国际教育技术协会学生标准强调了我们想让学生掌握的技能和素质,使他们能在互联的、数字化的世界中参与并积极成长。这个标准的设计旨在给所有的教育工作者使用,适用每一个年龄阶段的学生,其目标是在学生整个学术生涯中培养学生的这些能力。学生和老师都应该完全应用这些标准来掌握基础性的技术技能。作为回报,教育工作者将能娴熟地指导和激发学生运用技术增强学习,并让学生积极迎接挑战以成为他们自己学习的主宰者。

1. 赋能学习者

在学习科学的指导下,学生利用技术在选择、达成和展示学习目标的能力方面发挥积极作用。学生能够:

a. 阐明并设定个人学习目标,利用技术制定实现学习目标的策略,反思学习过程,提高学习效果。

b. 创建网络,以及个性化地设计支持他们学习过程的学习环境。

c. 利用技术寻求反馈,改进实践,用多种方式呈现学习成果。

d. 理解技术运作的基本原理,展示选择技术、使用技术、排除当前技术故障的能力;迁移他们的知识来探索新兴技术。

2. 数字公民

在互联的数字世界中生活、学习和工作,学生能够认识到自己的权利、责任和机会,他们以安全、合法、道德的方式行事,并为后来者树立榜样。学生能够:

a. 形成和管理自己的数字身份与声誉,意识到自己在数字世界中的行为表现。

b. 以积极、安全、合法和道德的行为方式使用科技,包括使用在线社交平台和互联网设备。

c. 理解并尊重使用和分享知识产权的权利与义务。

d. 管理个人数据以维护数字隐私和安全,知晓数据收集技术会跟踪在线浏览记录。

3. **知识建构者**

利用数字工具,学生能够批判性地整合各种资源,建构知识、创作富有创意的作品,为自己和他人创造有意义的学习体验。学生能够:

a. 规划和采用有效的研究策略,为自己智慧性和创造性的探索目标寻找信息与其他资源。

b. 评估信息、媒体、数据或其他资源的准确性、视角、可信度和相关性。

c. 使用各种工具和方法从数字资源中整合信息,创建作品集,并展示它们之间的有意义的联系或结论。

d. 通过积极探索现实世界中的情况和问题、提出观点和理论、寻求答案和解决方案的方式来构建知识体系。

4. **创新设计者**

在设计的过程中,学生能够使用各种技术,通过创造全新的、有效的或富有想象力的解决方案来识别并解决问题。学生能够:

a. 了解并运用有计划的设计流程来提出想法、测试理论、建立富有创意的模型或解决真实问题。

b. 选择并使用数字工具来规划和管理一个考虑设计约束和计算风险的设计过程。

c. 把开发、测试和改进原型作为循环性设计过程的一部分。

d. 容忍不确定性,坚持不懈,处理开放式问题。

5. **计算思维者**

借助使用不同技术方法的力量,学生制定和运用策略来理解并解决问题,最终形成问题的解决方案,并能测试该方案。学生能够:

a. 在探索和寻找解决方案时,明确提出适用于技术辅助方法(如数据分析、抽象模型和算法思维)的问题定义。

b. 收集数据或识别相关数据集,使用数字工具对其进行分析,并以各种有利于解决问题和作出决策的方式呈现数据。

c. 将问题分解,提取关键信息,并建立描述性模型来理解复杂系统或促进问题的解决。

d. 理解自动化的工作原理,并使用算法思维开发一系列步骤来创建和测试自动化解决方案。

6. 创意传播者

学生能够利用合适的平台、工具、风格、格式和数字媒体,清晰地交流并创造性地表达自己的目标。学生能够:

a. 选择合适的平台和工具,实现自己创作或交流的预期目标。

b. 创作原创性的作品,或以负责任的方式改变数字资源的原用途或将其重新混合到新作品中。

c. 通过创建或使用各种数字对象,如可视化效果、模型或模拟技术,清晰有效地传达复杂的想法。

d. 发布或呈现针对目标受众定制的内容和媒介。

7. 全球合作者

学生能够利用数字工具与他人合作,在本地或全球的团队中有效工作,拓宽视野,丰富学习内容。学生能够:

a. 使用数字工具与来自不同背景和文化的学习者建立联系,以增进相互理解和促进学习效果的方式与他们交流。

b. 使用协作技术与他人合作(包括同伴、专家或社区成员),从多个角度审视焦点和问题。

c. 为项目团队作出建设性的贡献,承担各种角色和责任,为了实现共同的目标有效工作。

d. 探索本地和全球问题,使用协作技术与他人一起探究问题解决方案。